SO KOCHT

INDONESIEN

Eßkultur und Originalrezepte
der Gewürzinseln

SO KOCHT

INDONESIEN

Eßkultur und Originalrezepte der Gewürzinseln

MOSAIK VERLAG

Inhaltsverzeichnis

Teil I: Die Gewürzinseln

Eine Küche, die so aufregend und abwechslungsreich ist wie das Land selbst

Indonesien ist der größte Archipel der Welt – Tausende von Inseln, darunter sowohl einige der größten dieser Erde als auch winzige Korallenatolle. Zum Terrain gehören schneebedeckte Berge, üppige Regenwälder, trockene Savanne, Sümpfe sowie bewässerte Reisfelder, und es fällt schwer, ein passenderes Nationalmotto zu finden als *Bhinneka Tunggal Ika* – Einheit in der Vielfalt.

In den vergangenen 2000 Jahren kam es auf Sumatra, Java und Borneo zum Aufstieg und Niedergang mächtiger buddhistischer,hinduistischer und moslemischer Reiche, die Händler aus China, dem Mittleren Osten und Indien sowie aus dem nahen Siam und aus Malakka anzogen. Einige der östlichen Inseln des Archipels waren die ursprünglichen „Gewürzinseln", der einzige Ort der Welt, an dem Gewürznelke und Muskatnuß wuchsen – und ein mächtiger Magnet für die Europäer.

Schiffe begaben sich im 16. und 17. Jahrhundert auf Entdeckungsreisen: Es trafen Portugiesen, Spanier, Engländer und Holländer im Archipel ein. Die Niederländer waren im Kampf um die Kontrolle dieser Region schließlich siegreich und führten ein Plantagensystem ein, das Zucker, Gewürze, Kautschuk, Tee und Kaffee hervorbrachte. Eine nationalistische Bewegung entstand bereits 1908, doch erst 1949 wurde die Republik Indonesien ausgerufen, nach dem Kampf gegen die Holländer, der auf Indonesiens Unabhängigkeitserklärung (1945) folgte.

Aufgrund der enormen geographischen und kulturellen Vielfalt ist es nicht verwunderlich, daß die Küchen Indonesiens so abwechslungsreich sind. Da sich jedoch Restaurants in Indonesien und im Ausland auf die Gerichte Javas und Sumatras konzentrieren, ist über die Landesgrenzen hinaus kaum bekannt, daß jede Region über ihre eigene, charakteristische Küche verfügt. Im Lauf der Jahrhunderte sind die diversen kulinarischen Schulen durch die Einführung von Zutaten und Zubereitungsmethoden aus China, Indien, dem Mittleren Osten und Europa beeinflußt worden.

Das „typische" indonesische Mahl basiert auf Reis, zu dem mehrere schmackhafte Gemüse-, Fleisch- oder Fischgerichte gereicht werden sowie eine aus scharfen Chilis bestehende Würze namens *sambal* und Erdnüsse, Kräcker (*krupuk*) oder gebratene Schalotten, die einen knusprigen Kontrast bieten. Auf Java, Sumatra und Bali trifft diese Beschreibung meist zu, doch in anderen Regionen des Archipels mögen die Grundnahrungsmittel Sago, Maniok oder Mais sein.

Begeben wir uns auf eine kulinarische Entdekkungsreise, welche die Vielfalt der Inseln deutlich werden läßt.

***Seite 2**: Ein junger Mann, in wärmendes* Ikat-*Tuch gehüllt, mit dem freundlichen Lächeln, das für Indonesier typisch ist.*
***Links**: Reis (oben links) ist die Basis jeder Hauptmahlzeit. Nebengerichte sind Fleisch, Geflügel, Fisch oder Gemüse, und es gibt knusprige Garnierungen und* Sambals *(oben rechts und Mitte).*

Tanah Air: Land und Wasser

Ein Archipel der schneebedeckten Berge, des Regenwaldes, der Reisfelder, Sümpfe und Savannen

Indonesiens etwa 18 000 Inseln (die ca. 190 Millionen Menschen beherbergen) erstrecken sich circa 8000 Kilometer von der nordwestlichen Spitze Sumatras bis zu den Sümpfen des südwestlichen Irian Jayas und liegen zwischen sechs Grad nördlich des Äquators sowie elf Grad südlich davon. Die großen Inseln Sumatra, Java, Borneo (zwei Drittel gehören zum indonesischen Kalimantan) und Bali waren Teil des asiatischen Festlandes, bis sie in der letzten Eiszeit losbrachen.

Millionen Hektar bewässerter Reisfelder produzieren nicht nur das wichtigste Nahrungsmittel, sondern auch Aale, kleine Fische und Futter für die Enten. Hier finden Rinder zudem Abkühlung.

Indonesien liegt innerhalb des sogenannten „Feuerrings", wo zwei der tektonischen Platten der Welt, die seismische Aktivität verursachen, aufeinanderstoßen. Schwelende Vulkane streuen oft fruchtbare Asche über das Land.

Zu einem Großteil sind die westlichen Inseln Indonesiens üppig und immergrün. Während Borneo über Regenwälder und sumpfige Küsten verfügt, gibt es auf Java und Sumatra reichlich fruchtbare Gärten, Kokospalmenhaine und Reisfelder. Reißende Flüsse und herrliche Strände vervollständigen das Bild eines tropischen Paradieses.

In ganz Indonesien herrscht tropische Wärme und relativ hohe Luftfeuchtigkeit (auf den Bergen sinkt die Temperatur jedoch merklich), und in den meisten Regionen des Archipels gibt es eine Trokkenperiode, auf die die lebenspendenden Monsune folgen. Doch die östlichen Inseln des Archipels (besonders Nusa Tenggara, die Inselkette, die sich östlich von Lombok nach Timor erstreckt), sind oft felsig und halbtrocken, die trokkenen Perioden dort länger. Das Land leidet unter Abholzung und Erosion.

Sulawesi (Celebes), eine seltsam geformte Insel, die enstand, als zwei Inseln vor einigen Milllionen Jahren langsam kollidierten, verfügt über mehrere Klimata, und verschiedene Teile der Insel erhalten ihren Monsunregen zu unterschiedlichen Zeitpunkten des Jahres. Weiter östlich entsprechen die Molukken wieder der Vorstellung üppiger Tropen, während Irian Jaya (der westliche Teil der riesigen Insel Neuguinea) mit Sümpfen, Regenwäldern und dem höchsten Berg östlich des Himalaja, dem fast 5000 Meter hohen Mount Jaya, aufwartet.

Das bevorzugte Grundnahrungsmittel ist in ganz Indonesien Reis, der sowohl in bewässerten Feldern (wo dank spezieller Reisart und Dünger bis zu drei Ernten pro Jahr möglich sind) und in nicht-bewässerten Feldern (vom Monsunregen abhängig) angebaut wird. In vielen Regionen des Archipels machen unzureichender Niederschlag oder ungeeignetes Terrain den Reisanbau unmöglich, und Feldfrüchte wie Süßkartoffel, Tapioka (auch Maniok genannt),

Mais und sogar Sago sind hier die Grundnahrungsmittel. Wer es sich leisten kann, kauft Reis aus anderen Teilen Indonesiens. Viele Indonesier fügen mitunter Mais oder Süßkartoffel ihrem täglichen Reis bei, um ihn zu strecken.

In einem Archipel überrascht es nicht, daß das beliebteste Nebengericht Fisch ist, der meist einfach mit etwas Würze wie saurer Tamarinde, Kurkuma und Salz gebraten oder in gewürztem, siedendem Wasser bzw. Kokosmilch gekocht wird. Natürlich gibt es Hunderte von raffinierten Rezepten für Süßwasser- (oft in Teichen gezüchtet) und Meeresfisch. Wegen begrenzter Transport- und Kühlmöglichkeiten ist jedoch in vielen Regionen getrockneter Fisch häufiger anzutreffen als frischer Fisch. Winzige, getrocknete, sardellenartige Fische namens *ikan teri* verleihen diversen Zwischenmahlzeiten Protein und Geschmack und kommen auch oft bei den überaus pikanten *sambals* zum Einsatz.

Obwohl Gemüse in ganz Indonesien angebaut wird, nimmt es bei den Mahzeiten in vielen Gebieten keine besondere Stellung ein. Gewisse wilde Blätter und Pflanzen sowie die jungen Blätter von Pflanzen, die Früchte oder Knollen hervorbringen (etwa Sternfrucht, Papaya, Süßkartoffeln und Tapioka), werden gekocht und als Gemüse verzehrt. Hinzu kommt leicht anzubauendes Gemüse wie Was-

Rechts: Viele der Seen Indonesiens befinden sich in längst erloschenen Vulkankratern – etwa der riesige und tiefe Lake Toba auf Sumatra. *Rechte Seite:* Üppige Reisfelder, Kokospalmen und ein ferner Vulkan (hier Balis Mount Agung) sorgen für die malerische Landschaft, die man oft auf Bali, Java und Sumatra vorfindet.

serwinde (*kangkung*), grüne Bohnen, Auberginen, Kürbisse und Gurken. Gebiete in höheren Lagen, besonders auf Inseln mit fruchtbarer vulkanischer Erde, eignen sich perfekt für Gemüse aus gemäßigten Zonen. Die Holländer führten Karotten, Kartoffeln, Blumenkohl, Kohl und Tomaten ein, die von Indonesiern mit Zugang zu Märkten enthusiatisch aufgenommen wurden.

Indonesiens diverse Küchen, besonders auf den größeren Inseln, haben im Lauf der Jahrhunderte Zutaten und Zubereitungsmethoden aus vielen Quellen übernommen. Arabische und indische Händler führten ihre Gewürze, süße Rosenessenz und ein paar beliebte Gerichte ein (darunter das indische Martabak, eine Art Pfannkuchen, der gerne von Eßständen angeboten wird).

Die Spanier waren für die Einführung der Chili verantwortlich, die sie in der Neuen Welt entdeckt hatten und auch auf die Philippinen brachten. Diese feurigen Pflanzen verbreiteten sich wie Lauffeuer in Südostasien und Indien und etablierten sich so gut in den lokalen Küchen, daß sie heute daraus kaum noch wegzudenken sind.

Trotz ihrer langen Herrschaft als Kolonialherren hatten die Holländer – abgesehen von der Einführung neuer Gemüsearten und des Brotes – keinen großen Einfluß auf die einheimischen Küchen. An dieser Stelle ein paar Worte zur sogenannten „indonesischen“ *rijstaffel*. Dies war eine koloniale Erfindung, eine großzügige Adaptation des indonesischen Brauches, Reis mit mehreren schmackhaften Nebengerichten und Soßen zu servieren. Dank Zeit, Geld und vieler Bediensteter entwickelten die Holländer eine „Reistafel“, bei der bis zu 20 Gerichte gereicht wurden.

Es waren die Chinesen, die den größten Einfluß auf die Küchen Indonesiens hatten. Sie führten die nun allgegenwärtigen Nudeln (*mie*) ein sowie Sojasoße, die die Indonesier durch die Hinzufügung von Zucker (*kecap manis*) modifizierten, Mungoerbsen, aus denen man Sojabohnensprossen macht (*taugeh*) sowie Tofu und Sojabohnen, die fermentiert das hervorragende, nahrhafte *tempeh* ergeben.

Kulinarische Reise durch den Archipel

Von Irian Jaya bis Sumatra

Was haben ein Festmahl mit über heißen Steinen in einem Erdofen gegartem Schwein, ein rituelles *selamatan* auf einem goldenen Reisberg, begleitet von moslemischen Gebeten, ein Bambusrohr voller Büffelfleisch, gespickt mit brennend scharfen Chilies und über einem Feuer gebraten, sowie Saté aus gehackten Meeresfrüchten, Gewürzen und frischer Kokosnuß gemein?

Ein herzliches Willkommen erwartet den Besucher im ganzen Archipel, besonders in den kleinen Dörfern.

Es handelt sich nur um einige der Gerichte, die ich bei meinen Reisen durch Indonesien genossen habe. Besuchern, die die ewiggleichen Nudel- und *Nasigoreng-Gerichte* in Restaurants oder *rumah makan* vorfinden, mag man die Annahme nachsehen, im Archipel gäbe es mehr kulinarische Einheit als Vielfalt. Nur, wenn man den in lokalem Besitz befindlichen *warung* oder einfachen Eßständen die Stirn bietet (im Gegensatz zu jenen, die von Javanern betrieben werden und die allgegenwärtige *Soto Madura* und *Mie Bakso* anbieten), wenn man während eines Festes ankommt, oder – am besten – privat bei Indonesiern wohnt, bietet sich die Gelegenheit, die typische Vielfalt der Küchen Indonesiens zu entdecken.

Etwa auf 1000 Meter Höhe im Hochland von Irian Jaya, im westlichen Neuguinea, liegt ein fruchtbares, von Flüßchen durchzogenes Tal, von der Welt durch fast undurchdringliche Sümpfe und dschungelbedeckte Berge abgeschnitten. Das Baliem-Tal, von Forschern 1938 entdeckt und erst 1961 von Anthropologen besucht, ist die Heimat des steinzeitlichen Dani-Stammes. Die Dani bauen eine Vielfalt von Gemüsen an, und doch bestehen 90 Prozent ihrer Nahrung aus Süßkartoffel. Obwohl es mehrere Sorten dieses Knollengewächses gibt, beginnen sie nach einigen Tagen identisch zu schmecken.

Während einer Wanderung in diesem schönen wilden Tal im Jahr 1976 kamen wir an einem geschäftigen Dorf vorbei. Wie alle Indonesier sind die Dani sehr gastlich und zogen mich und meine zwei Kinder förmlich in ein Anwesen, wo eine Hochzeit stattfand. Die Männer, mit Penisflaschenkürbissen, mit bemaltem Ton versehenen Gesichtern und Federn in ihrem Haar, spielten auf Bambusmundharfen. Die Frauen, nackt bis auf einen mit Schnüren befestigten, bedenklich tief auf den Hüften sitzenden Rock, standen fast knietief in einem frisch geschlachteten Schwein und waren damit beschäftigt, Fleischstücke in Blätter zu wickeln und diese auf Flußsteine über einem Feuer zu schichten. Haufen der unvermeidlichen Süßkartoffel wurden auf das Schwein gelegt, gefolgt von einem riesigen Stapel von Blättern. Das Ganze wurde dann gedünstet.

Als Schwein, Kartoffeln und Blätter schließlich gar waren, reichte mir eine unglaublich schmutzige Frau ein Stück in Blatt gehülltes Fleisch. Während ich auf das dampfende Schwein starrte, dachte ich an all die Krankheiten, die ich mir zuziehen könnte. Schierer Hunger und das dringende Bedürfnis nach etwas anderem als Süßkartoffel gewannen schließlich überhand. Ich öffnete mein kleines Päckchen Salz (ein wertvolles Produkt in diesem Tal), streute etwas davon über das Fleisch und nahm den ersten Bissen zu mir. Er war sehr schmackhaft, und ich werde nie dieses Festmahl der Dani vergessen!

Märkte wie dieser in Banjarmasin, Südkalimantan, sind stets farbenprächtige Ereignisse.

Die zentraljavanische Stadt Yogyakarta scheint sich hingegen auf einem ganz anderen Planeten zu befinden. Uralte Steintempel – darunter das weltberühmte buddhistische Monument Borobudur und die exquisiten Türme des hinduistischen Prambanan – erheben sich vor umgebenden Reisfeldern, während der Bergkegel des Mount Merapi das Land periodisch mit fruchtbarer Vulkanasche bestreut.

Die Javaner der Sultanate von Yogyakarta und des nahen Surakarta sind stolz auf ihre hohe Kultur, ihre Tänze, die *Gamelan-Musik*, auf Batik-Stoffe und kunstvolles Handwerk. Es handelt sich um eine höchst strukturierte Gesellschaft, in der Harmonie auf der Nachsicht für andere basiert und die Gemeinschaft wichtiger ist als das Individuum. Rituelle Ereignisse werden mit einem Fest (*selamatan*) gefeiert, und als ich im Haus einer Familie in Yogya zu Beginn eines einjährigen Aufenthalts eintraf, gab es solch ein Fest.

Gebete wurden gesprochen, um meiner Familie und allen Anwesenden einen Segen zu erteilen. Im Mittelpunkt des *selamatan* stand ein kegelförmiger Hügel gelben Reises, der den hinduistischen Mount Meru symbolisiert (obwohl die meisten Javaner Moslems sind, enthalten ihre Rituale immer noch überlieferte animistische, buddhistische und hinduistische Bräuche). Wenigstens ein Dutzend Gerichte wurde zum Reis gereicht, darunter *gudeg* (junge Jackfrucht in Kokosmilch), in gewürzter Kokosmilch gesiedetes und dann gebratenes Huhn, fermentierte Sojabohnenkuchen (*tempeh*), mit Garnelen gebraten und mit Palmzucker gesüßt, *sambal* aus roten Chilies und knusprige Garnelenkräcker (*krupuk*). Der Gesamteindruck wurde von der Subtilität und Süße dieses typisch javanischen Gerichts bestimmt.

Gar nicht subtil ist jedoch die Küche der westsumatranischen Region Padang. Wer es scharf und würzig mag (wie viele Indonesier, denn Padang-Restaurants findet man in den meisten Städten des Landes), wird nicht zögern, diese Spezialitäten zu den besten Indonesiens zu zählen. In einer Nation voller verblüffender Landschaften wissen die zerklüfteten Berge, die Seen und die herrliche Küste von Westsumatra zu beeindrucken. Die überaus malerische Stadt Bukittinggi („Hoher Berg"), im Herzen des Landes des matriarchalischen Minang-Volkes, ist der perfekte Ort, um lokale Gerichte zu kosten.

Rechts: *Bambus ist ein wichtiges Kochutensil in Tana Toraja, Sulawesi. Diese Toraja-Männer bereiten Speisen für eine Begräbnisfeier vor.* ***Rechte Seite***: *Dani-Männer aus dem Baliem-Tal in Irian Jaya fachen ein Feuer an, um ein Mahl aus Süßkartoffeln zu kochen.*

Es handelt sich um eine der wenigen Küchen, die man am besten in einem Restaurant oder einfachen Lokal genießt, denn sie ist das würzige Gegenstück eines Smorgasbord. Portionen, die von etwa 10 bis 20 Gerichten stammen, werden zum Tisch des Gastes getragen. Es wird nur das berechnet, was dieser auch wirklich verzehrt hat. Keinen Appetit auf Hirn in würziger Kokossoße? Wie wär's mit Huhn in Kokosmilch und mit duftendem Zitronengras, schwarzen Rindfleischstücken (*dendeng*), Hühnerleber mit bitteren grünen Bohnen (*petai*), großen Garnelen im Chilimantel oder Eiern in würziger Soße?

Die Padang-Küche wird meist als würzig beschrieben, doch getrocknete Gewürze sind nicht alles. Einen Besuch lohnt der Besuch des Marktes von Bukittinggi, wo die stolzen Minang-Frauen mit ihrer farbenprächtigen Kleidung auffallen. Es gibt Berge von Zimt, Pfeffer, Koriander, Chilipulver, Kreuzkümmel und Fenchel, doch genau so wichtig für die Padang-Küche sind Kräuter, Rhizome und andere Gewürze.

Hierzu gehören Chilies, Ingwer, Knoblauch, Schalotten, Galangawurzel, Kurkuma, Zitronengras, Basilikum, duftende Limone und *Salam*-Blätter sowie scharfe, getrocknete Garnelenpaste. Ebenfalls zu sehen sind Haufen von reifen braunen Kokosnüssen, aus deren Fruchtfleisch die sahnige Kokosmilch gewonnen wird, welche die Padang-Gerichte etwas abmildert. Serviert werden diese mit dampfendem weißem Reis.

Keine Spur von Reis jedoch, als wir eine Nacht in einem Haus auf der winzigen Insel Saparua verbrachten. Wir waren mit einem Schiff von Ambon im Herzen der ursprünglichen Gewürzinseln aus angereist, auf der Suche nach einem alten holländischen Fort, das einst dem Schutz des lukrativen

Gewürzhandels diente. Da es damals auf Saparua nicht einmal ein einfaches *losmen* oder Gasthaus gab, wurden wir von Oma Lela, der Großmutter eines Freundes in Ambon, aufgenommen.

Ihr Haus hatte einen unbefestigten Boden und ein Dach aus Sagopalmwedeln, die Wände bestanden aus Palmblattrippen, und die Rolladen vor den offenen Fenstern waren auch aus diesem Material gefertigt. Oma Lela gab uns ihr Schlafzimmer – typisch für die Gastfreundschaft, die uns in ganz Indonesien begegnete. Auf dem Nachttisch befanden sich ein von ihr besticktes Tuch, ein einfacher Plastikkamm, ein Glas mit Haarpomade und eine Box voller Moskitorollen.

Wir hatten bereits eine Form des Sago bei Ambon gekostet, wo *popeda* – eine klebrige, geschmacklose Stärke aus geraspeltem und zerstampftem Sagopalmenstamm – das traditionelle Grundnahrungsmittel war. Oma Lela bevorzugte jedoch getrocknetes „Sago-Brot", das in Terrakottaformen gebacken wurde.

Diese harten rosafarbenen Kuchen betrachtete der Naturforscher Alfred Russel Wallace (19. Jh.) als Delikatesse, wenn sie mit etwas Zucker und geraspelter Kakaobohne zubereitet wurden. Er bemerkte auch, daß die sich von Sago ernährenden Menschen sehr wenig Gemüse oder Früchte essen, sondern fast aussschließlich Sago und Fisch. Eine solche Mahlzeit bekamen wir auch in Omas Haus. Zum gebratenen Sagobrot wurden kleine Fische gereicht, mit getrockneter Kurkuma gewürzt und knusprig gebraten.

Die orchideenförmige Insel Sulawesi (Celebes) mit Tausenden von Kilometern Küste ist für ihren Fisch berühmt. *Ikan bakar*, über Kohle gebratener Fisch, der mit einer Vielfalt von Tunken serviert wird, ist eine regionale Spezialität. Eine meiner denkwürdigsten Mahlzeiten auf Sulawesi nahm ich im Hochland der Tana Toraja ein. Die Berglandschaft mit Dörfern, die wie Inseln in einem Meer aus Reisfeldern liegen, zieht Besucher an, und eine weitere Attraktion sind die einzigartige Architektur und Kultur des vorwiegend christlichen Volkes Tana Toraja.

Um deren Kliffgräber mit den hängenden Balkonen und hölzernen Totenstatuen zu sehen, verbrachte ich fast einen ganzen Abend in einem holpernden Bus auf der Überfahrt von Ujung Pandang nach Rantepao. In der Nacht erwachte ich und bemerkte einen Menschenstrom auf der Straße vor meinem *Losmen*. Er begab sich zu einem Begräbnis, dem wichtigsten Ereignis im Lebenszyklus der Toraja.

Nicht sehr viel später saß ich in einem der Bam-

Linke Seite: *Gemüse in Form eines heiligen Berges wird während des Yogyakarta-Palastfestes Sekaten getragen, das hinduistische und buddhistische Elemente enthält.*
Links: *Kunstvolles Tableau aus Reisteig, wie es oft bei balinesischen Festen zum Einsatz kommt.*

Von den Holländern eingeführte und nun beliebte Gemüsesorten werden in höheren Lagen angebaut, besonders auf Sumatra (die hier abgebildeten Mädchen stammen aus der Stadt Brastagi), Java, Bali und Sulawesi.

busunterstände, in denen Gäste während der umfangreichen Feierlichkeiten untergebracht werden. Ein Strom von Männern kämpft sich den rutschigen Hang hinauf, mit schäumendem Palmwein (*tuak*) gefüllte Bambusbehälter tragend (*tuak*) sowie Schweine, die von Bambusstangen baumeln. Auf das unvermeidliche und etwas grausige Schlachten von Schweinen und Wasserbüffeln folgte die Zubereitung von *piong*, mit leicht gesalzenen Fleischstücken, frischem Blut, Spinatblättern und ein paar feurigen Vogelaugenchilies gefüllten Bambusröhren. Sie wurden mit Bananenblättern verschlossen und über einem offenen Feuer gebraten. Ein erinnerungswürdiges Festmahl, zu dem hervorragender Bergreis und *tuak* gereicht wurden.

Feste sind auf Bali an der Tagesordnung, und ich habe viele glückliche Stunden damit verbracht, Gewürze zu hacken, Schweineohren für das zeremonielle Gericht *lawar* zu schneiden und Reiskuchen zu färben. Auch ganz einfache Speisen können auf Bali hervorragend sein. Manche Indonesier mögen behaupten, die Balinesen streckten ihr Saté mit Kokosfleisch, anstatt nur Fleisch zu verwenden, und doch ist Saté Lilit – aus stark gewürzten, gehackten Meeresfrüchten oder Geflügel an einem Stiel duftenden Zitronengrases – das beste Saté, das ich im gesamten Archipel je gegessen habe.

Das innere Hochland der sogenannten Wildnis von Borneo ist mit herrlichen Erinnerungen an Wildschwein verbunden, das im Regenwald gefangen und über einem Feuer gebraten wurde. Dazu gab es zarte, süße Bambussprossen und Wildfarne, die im Geschmack dem Spargel gleichkamen.

Das Reisen in Indonesien ist stets mit Kulinarischem verbunden, nicht nur am Zielort, sondern auch unterwegs. Busse legen um 2 Uhr früh einen Stopp ein, damit die Fahrgäste bei Dorfbewohnern einkaufen können, die im Schein ihrer Kerosinlampen Spezialitäten anbieten. Passagiere von Schiffen teilen sich mit anderen Passagieren ihren daheim zubereiteten grätenlosen, gefüllten Fisch oder klebrige Reisrollen. Endlose Inseln, endlose Vielfalt, endlose Großzügigkeit...

Inseln, die die Welt veränderten

Die unermeßlichen Schätze der Gewürzinseln läuteten das Zeitalter der Entdeckungsreisen ein

Von den bröckelnden Überresten portugiesischer und holländischer Festungen abgesehen gibt es wenig, das die diversen kleinen Molukken von den zahlreichen anderen Inseln Indonesiens unterscheidet. Und dennoch waren fünf dieser Inseln die einzigen Orte der Welt, wo Gewürznelke wuchs, während eine weitere Inselgruppe, die Bandas, die einzige Quelle von Muskatnuß und -blüte darstellte. Diese Inseln waren für das Zeitalter der Erkundung und die Entdeckung Amerikas durch Christoph Columbus verantwortlich.

Aufgrund der heutigen Kühltechnik und Methoden der Lebensmittelverarbeitung fällt es schwer, die Bedeutung der Gewürze in vergangenen Epochen zu schätzen. Gewürznelke, Pfeffer und Muskatnuß waren von den Römern, Ägyptern und Chinesen bereits vor 2000 Jahren begehrt – unter anderem als Gewürze, die auch den Geschmack weniger frischen Fleisches überdeckten, und zur Parfümierung der Luft.

Im Mittelalter wurde der Gewürzhandel in Europa von arabischen Händlern kontrolliert, die ihre Waren wiederum von indischen Händlern erhielten. Venezianische Händler verteilten schließlich die Gewürze in Europa, und die Preise waren astronomisch hoch. Die Suche nach der Quelle dieser Gewürze führte zur Entdeckung Amerikas durch Christoph Columbus. Weitere Entdeckungsreisen wurden von den Portugiesen unternommen, die schließlich die Gewürzinseln (Molukken) zu Beginn des 16. Jahrhunderts erreichten, bald darauf gefolgt von den Spaniern, Engländern und Holländern.

Die Muskatnußfrucht hat einen eßbaren äußeren Teil. Die Muskatnuß, der harte braune Kern im Inneren, wird von der spitzenartigen roten Muskatblüte bedeckt. Muskat wuchs einst nur auf den Banda-Inseln der Molukken.

Im Jahr 1602 gründeten die Holländer die Ostindische Handelsgesellschaft, um die Reichtümer des Archipels zu vermarkten. Durch rücksichtsloses Vorgehen erlangten sie bis zum Ende des 17. Jahrhunderts ein totales Monopol des Gewürzhandels. Wer illegalen Handel mit Gewürznelken betrieb, mußte mit der Vernichtung seiner Bäume rechnen. Im 19. Jahrhundert wurden jedoch Samen von den Gewürzinseln geschmuggelt, was das weltweite Monopol der Holländer beendete.

Ironischerweise wird nun mehr Gewürznelke im

Boote ganz aus Gewürznelken (die getrocknete Knospe eines Baumes, der nur auf fünf Inseln der Molukken heimisch ist) sind ein beliebtes Souvenir der Gewürzinseln. Der Großteil der Gewürznelkenernte Indonesiens löst sich heute in Rauch auf – in Form von Zigaretten mit Nelkenaroma.

denen die frühen Händler bis zu 1000 Prozent Profit machten) sind Matten aus getrockneten Nelken auf den Molukken immer noch verbreitet. Die in grünem Zustand gepflückte, duftende, nagelförmige Blüte der *Eugenia aromatica* wird an der Sonne mehrere Tage getrocknet und weist dann das dunkle Braun der Gewürznelken auf, die man auf Supermarktregalen der ganzen Welt findet. Hohe Muskatnußbäume, die oft als die schönsten der kultivierten Bäume betrachtet werden, gedeihen noch auf den Banda-Inseln und in geringerem Maß auf Ambon. Die reife Frucht wird gepflückt und die harte, duftende Nuß herausgenommen. Kinderfinger trennen oft die hochrote Muskatblüte von der Nuß.

Norden Sulawesis als auf den Molukken angebaut, und Indonesien importiert nun Gewürznelken aus Tanzania, um den Bedarf zu decken. Man findet sie jedoch nicht in vielen indonesischen Gerichten – zahlreiche Nelken lösen sich buchstäblich in Rauch auf, denn sie werden dem Tabak der charakteristischen *Keretek*-Zigaretten beigemischt. Der Bedarf an Muskatnuß ist heute geringer als das Angebot.

Trotz des Wertverlustes dieser Gewürze (mit

Gewürznelke und Muskat werden auf den Molukken selten zum Kochen verwendet. Obwohl ein wenig geraspelte Muskatnuß einer Rindersuppe beigefügt wird, gelten Muskat und Gewürznelke mehr als medizinische Pflanzen. Die Muskatnußfrucht, die die harte Nuß umhüllt, ist ein beliebter Imbiß. Sie soll auch bei Seekrankheit helfen, während Gewürznelken Zahnschmerzen lindern.

Während dies die einheimischen Gewürze sind,

stammen andere in der indonesischen Küche verwendeten Gewürze aus dem Mittleren Osten oder Indien, etwa Kardamom – faserige Hülsen, die winzige schwarze Kerne enthalten, welche im Mittelalter als „Körner des Paradieses" bezeichnet wurden und aus Indien oder Sri Lanka kamen. Richtiger Zimt wächst auf Sri Lanka, während die grobe Rinde, welche in Indonesien und Südostasien als Zimt verkauft wird, von einer Art Kassiabaum stammt. Sie ist dunkler in der Farbe und billiger.

Das am meisten in Indonesien verbreitete Gewürz ist Koriander, ein kleiner, beiger, runder Samen mit leichtem Orangengeschmack. Dieses Gewürz war den alten Griechen bekannt, und man findet es überall im Mittleren Osten, in Indien und Südostasien. Koriander wird meist in Verbindung mit Pfefferkörnern und Knoblauch eingesetzt, besonders auf Java.

Ein weiteres Gewürz, das mit Koriander verwendet wird, ist Kreuzkümmel, ein länglicher Samen, der ein wenig aussieht und schmeckt wie Kümmel. Ein ähnliches Gewürz, Fenchel, ist größer, weißer und duftet süßer als Kreuzkümmel.

Schwarze und weiße Pfefferkörner werden in den meisten Regionen des Archipels verwendet. Pfefferkörner sind die Beerenfrüchte eines Rebengewächses, das an der Malabar-Küste Indiens heimisch ist. Schwarze Pfefferkörner sind getrocknete reife Beerenfrüchte mit intakter Schale, während jene der weißen Pfefferkörner entfernt wurde.

Die Küstengebiete Indonesiens, die wichtige Handelszentren waren (etwa die Ostküste Sumatras, wo sich arabische und indische Händler aufhielten, lange bevor die Europäer und Chinesen ankamen, und die Nordküste von Java),verfügen über eine größere Vielfalt an Gewürzen als Regionen, die wenig Kontakt mit der Außenwelt hatten. Während einige sumatranische Gerichte beispielsweise bis zu sieben verschiedene Gewürze und mindestens die gleiche Anzahl an Wurzeln und Kräutern erfordern, mag für eine Speise auf einer entlegenen Insel Ostindonesiens lediglich Kurkuma und Salz oder gar nur eine würzige Tunke (*sambal*) genügen.

Links: *Chilies, die vor vier Jahrhunderten von den Portugiesen aus Amerika nach Asien gebracht wurden, sind unverzichtbarer Bestandteil indonesischer Küche – ob ganz oder als feine Paste.*
Folgende Seiten: *Das Fischen in Indonesiens klaren warmen Gewässern ist für diese Jungen mehr angenehmer Zeitvertreib als Arbeit.*

Einladung zu einem Festmahl

Wie eine indonesische Mahlzeit aussieht – und wie sie gegessen wird

„S*ilahkan makan*" lautet die höfliche indonesische Einladung, die jedem Mahl mit Gästen vorausgeht (eine Redewendung, auf die Fremde in Anwesenheit von Gastgebern warten sollten, bevor sie zu essen anfangen – selbst bei einem Imbiß).

Doch in zahllosen Haushalten im ganzen Archipel sind Mahlzeiten meist eine informelle Angelegenheit und werden oft von Einzelpersonen eingenommen. Millionen von indonesischen Frauen stehen bereits vor der Dämmerung auf, und der Duft von glühenden Holzscheiten durchdringt die Frische des frühen Morgens, nachdem die Frauen vom Markt zurückgekehrt sind. Vor dem Kochen gibt es ein einfaches Frühstück, oft aus Überbleibseln vom Vorabend, vielleicht auch ein paar klebrige Kuchen vom Markt, eine Schale Nudeln oder gebratenen Reis.

Mahlzeiten können gemeinschaftliche Angelegenheiten sein – wie bei diesem Mittagessen in einem Holzfällercamp auf Borneo. Oft essen Familineangehörige jedoch allein.

Das beliebteste Grundnahrungsmittel ist Reis (abgesehen von regionalen Variationen), und Indonesier essen überraschend große Mengen davon, zusammen mit einigen schmackhaften Nebengerichten. Nur geringe Mengen dieser Speisen – etwa Fisch, Fleisch, Eier, Gemüse und Tofu (*tempeh*) – werden verspeist. Es geht mehr um Vielfalt als um Quantiät, denn Indonesier genießen lieber vier oder fünf Gerichte als große Portionen von nur zwei Speisen.

Gewürze und Soßen sind ebenso wichtig wie die Nebengerichte. Dazu gehören meist scharfes, aus Chilies bestehendes *sambal* und etwas, das einen knusprigen Kontrast bietet: etwa fritiertes *tempeh*, Erdnüsse, winzige Sardellen (*ikan teri*), *krupuk* (Kräcker aus Tapiokamehl und mit diversen Geschmacksrichtungen – über Fisch und Garnelen bis hin zu bitteren *Melinjo*-Nüssen), eine gewürzte und gebratene Kokosnußkreation wie *serundeng* oder gebratene Erdnußwaffeln (*rempeyek*).

Reis und Gerichte werden meist früh am Tage zubereitet, gleich nach dem Gang zum Markt oder der „Ernte" im Garten. Viele Mahlzeiten – besonders in entlegenen Gebieten des Archipels – sind sehr einfach und bestehen aus dem lokalen Grundnahrungsmittel und etwas getrocknetem Fisch, Chili-*sambal,* vielleicht mit fritierten Schalotten, einem *sambal* aus süßer Sojasoße mit zerhackten Gewürzen oder einem Spritzer Zitrussaft.

Die zubereiteten Gerichte werden meist in einen Schrank oder auf einen Tisch gestellt, durch konische Abdeckungen aus Pandanusblättern oder Plastik vor Insekten geschützt. Mitglieder der Familie bedienen sich, wenn sie hungrig sind, die Männer nehmen Portionen in einem Behälter mit aufs Feld. Abendliche Mahlzeiten am Ende des Tages, wenn Familienmitglieder vom Feld, von der Schule oder der Arbeit zurückgekehrt sind, basieren oft auf Überbleibseln des Mittagessens, wenn nötig um ein oder zwei frisch gekochte Gerichte bereichert.

Herrlich gekleidete Bugis in Südsulawesi genießen ein Mahl, bei dem im typisch indonesischen Stil Reis und Gerichte in der Mitte stehen, während sich die Speisenden bedienen.

Da die Speisen oft einige Zeit nach der Zubereitung verzehrt werden, haben sie meist Zimmertemperatur (niemand wird wertvollen Brennstoff fürs Aufwärmen verschwenden). Moderne indonesische Haushalte in den Städten haben oft Reiskocher, die Reis stundenlang warmhalten, doch die meisten Indonesier stört es nicht, wenn der Reis nicht warm ist.

Handelt es sich um gemeinschaftliche Mahlzeiten, werden Reis und Gerichte in die Mitte des Tisches oder auf eine Matte auf dem Boden gestellt, und jeder bedient sich. Es gilt als unhöflich, den Teller bei der ersten Runde zu überladen: Es genügt ein wenig, da es im Lauf der Mahlzeit noch reichlich Gelegenheit gibt, nachzufassen.

Indonesier essen traditionell mit der rechten Hand (die linke gilt bei Moslems als unrein), zum Austeilen der Gerichte auf Teller oder Schalen werden Löffel verwendet. Viele moderne Haushalte und fast alle Restaurants stellen Gabel und Löffel zur Verfügung, während Eßstäbchen in chinesischen Restaurants zu finden sind.

In wohlhabenderen Haushalten ist die Auswahl der zum Reis servierten Gerichte darauf ausgerichtet, eine Mischung von Geschmäckern und Texturen zu erzielen. Hat eines der Gerichte eine üppige, sahnige Kokosmilchsoße, gibt es zur Ergänzung ein trockenes Gericht, vielleicht mit einer schärferen Note. Es mag ein scharfes *sambal goreng* gereicht werden (ein in Chili gebratenes Gericht), doch zum Ausgleich serviert man andere milde oder gar süße Speisen unter Verwendung von *kecap manis* (süßer schwarzer Sojasoße) oder Palmzucker.

Freude bereitet bei der indonesischen Küche die Planung bzw. Auswahl der Gerichte. Da so viele von ihnen im voraus zubereitet werden können, muß man bei einem mehrgängigen Mahl nicht Stunden allein in der Küche verbringen, während Freunde oder Angehörige auf das Essen warten.

Auswärts essen

Vom Warung bis zu Eßständen auf Rädern und schmackhaften Imbissen

Die Engländer haben ihre Pubs, die Franzosen ihre Cafés, und in Indonesien ist der *warung* das gesellschaftliche Zentrum der Dörfer und der kleinen Städte. Meist bestehen diese einfachen Läden aus Holz oder geflochtenem Bambus, sind nach vorne hin offen, haben unbefestigte oder Zementböden und sind mit ihrem bunten Warenangebot (Moskitorollen, Waschpulver, Streichhölzer, Nelkenzigaretten) zudem das indonesische Äquivalent des Tante-Emma-Ladens.

Wann immer ein Imbiß ansteht (in Indonesien ist das oft der Fall), bietet ein warung *reiche Auswahl, etwa einen riesigen* krupuk *(Garnelenkräcker), wie ihn sich diese Jungen teilen.*

Warung bieten auch eine verblüffende und bunte Vielfalt an verpackten Imbissen, Kuchen, Keksen, Getränken in Flaschen sowie oft eine Emailschale mit Bananen, Avocados, Papayas oder Guaven aus einem nahen Garten.

Der *warung* ist der Ort, an dem Frauen auf dem Rückweg vom Markt ein Schwätzchen halten, wo Kinder eine Tüte knuspriger *Krupuk*-Kräcker für den Schulweg kaufen, wo man frisches und erfrischendes *rujak* bekommen kann (eine Mischung aus knuspriger, saurer Frucht und Gemüse in einer chili-scharfen Soße), und wo die Männer für einen Kaffee oder ein frühabendliches Glas *tuak* (Palmwein) eine Pause einlegen. Am Abend treffen sich dort junge Männer unter dem Schein der flackernden Öllampe, bis der *Warung*-Besitzer schließlich dichtmacht. *Warung*, die sich meist im Besitz von Einheimischen befinden, bieten oft einige einfache Gerichte an und sind für den Besucher hervorragende Orte, um die lokale Küche zu probieren.

Es mag nur schwer festzustellen sein, daß es in einem *warung* frische Gerichte gibt, denn die Konkurrenz anderer Waren ist fast überwältigend. Der große Mahlstein aus Granit, der zur Zubereitung des würzigen *Rujak*-Dressings verwendet wird, ist oft hinter der Theke verborgen – wie womöglich auch die in Blätter gewickelten Speisen.

Das zum Essen Ausgehen ist für viele Indonesier meist eine Notwendigkeit und kein Luxus, und einfache Eßstände mit Gerichten zu sehr günstigen Preisen findet man in jedem größeren Dorf. Solche Stände drängen sich in Seitengassen oder auf Märkten. Sie schießen auch in der Abenddämmerung aus dem Boden – mit einem Tisch, einigen Bänken und einer Plastikmarkise.

Gasfeuer prasseln und Öl brutzelt, während Bananen in einen Teigmantel gehüllt und fritiert, Reis oder Nudeln mit verblüffender Geschwindigkeit in einem Wok herumgewirbelt werden. Der Geruch von Holzkohle durchdringt die Luft, während Saté gegrillt wird. Große flache Pfannkuchen garen auf einer gußeisernen Platte und erhalten eine schmackhafte Fleischfüllung - es handelt sich um das indisch-moslemische *Martabak*.

Mobile Handkarren oder Eßstände findet man an der Straße und auf dem Markt. Sie bieten vor allem javanische Spezialitäten an. Regionale oder lokale Gerichte sind dort aber mitunter auch zu haben.

Die Eßstände sind oft eine gute Quelle regionaler Spezialitäten. Man findet z.B. *Soto Makassar* (eine üppige Rindersuppe) und gegrillten Fisch (*Ikan Bakar*) in Ujung Pandangs Hafen in Südsulawesi. Lomboks beliebtes Huhn (*Ayam Taliwang*), das über Kohlen gegrillt und mit einer würzigen Soße serviert wird, gibt es an vielen Eßständen in der Hauptstadt Mataram, und fast jeder Markt Balis bietet den berühmten Schweinebraten (*Babi Guling*).

Marktstände verkaufen auch oft einen Teller Reis mit kleinen Portionen diverser „Gerichte des Tages"; es handelt sich um *Nasi Campur* („gemischten Reis"), mit Gemüse, Fleisch und Fisch serviert.

Manchmal fällt es Reisenden jedoch überraschend schwer, authentische lokale Kost zu finden. Dies hat damit zu tun, daß jährlich Tausende von Javanern ihrer übervölkerten Heimat – oft im Rahmen des Regierungsprogramms *transmigrasi* – den Rücken kehren und sich in allen Teilen des Archipels – von Irian Jaya bis Borneo – niederlassen. Diese Umsiedler ernähren sich oft von gastronomischen Aktivitäten. So entstand der javanische „kulinarische Imperialismus", der zur Folge hat, daß man *Soto Ayam, Saté Madura* und *Mie Bakso* nahezu überall dort findet, wo es Eßstände gibt.

Wanderköche neigen auch dazu, Javaner zu sein. Das klangvolle „Tock-tock" zweier aufeinandergeschlagener Bambusstöcke oder das metallische Geräusch von Klöppeln begleiten oft die Stimme des Straßenhändlers und Eßstandbesitzers, der seine Waren ausruft. Viele Familien kaufen Nudelsuppe, gerollte Pfannkuchen mit Kokos- oder Palmzuckerfüllung oder klebrige Reiskuchen (*jaja*) für ihr Frühstück. Oft sieht man eine ganze Prozession von polternden Handkarren und Holzgebilden auf Rädern, die *Mie Bakso* (Nudel- und Fleischklößchen) oder geraspeltes Eis mit Sirup, Gelee und Früchten anbieten. Stände mit einem Holzkohlengrill bereiten auf Bestellung Saté zu.

Man wundert sich sogar, warum sich irgendjemand die Mühe macht, zu Hause zu kochen.

Phantastische Durstlöscher

Ob heiß oder kalt: An Getränken herrscht kein Mangel

Die indonesischen Getränke präsentieren eine prächtige Vielfalt an Farben, Geschmacksrichtungen und Texturen – es handelt sich um Kreationen voller guter Zutaten, bei denen man sich mitunter nicht sicher ist, ob sie zum Essen oder zum Trinken gedacht sind (oft sowohl als auch).

Stände und Karren verkaufen eine große Vielfalt an indonesischen Getränken mit Eis und kohlensäurehaltige Getränke in Flaschen.

Im ganzen Land gibt es Straßenverkäufer, die große Körbe an beiden Enden einer Bambusstange tragen, sowie Handkarren und Marktstände, die alle Getränke anbieten, welche sowohl durstlöschend als auch nahrhaft sind.

Bezeichnungen wie *es kopyor*, *es campur*, *es tape* und *es Bandung* mögen dem Uneingeweihten wenig Aufschluß über ihren Inhalt geben. So ziemlich das einzige, was sie verbindet, ist die Tatsache, daß sie etwas geraspeltes oder zerstoßenes Eis (*es*) enthalten.

Einige Eisgetränke bestehen größtenteils aus tropischen Früchten wie Saure Sobbe (*sirsak*), Avocado, Banane und Papaya, mit einem Löffel zerdrückt oder mit Milch, Eis und Süßungsmittel vermischt. Die Avocado (*apokat*) gilt übrigens als Frucht.

Andere Getränke bestehen aus fermentiertem Reis oder Maniok (*tape*), dem Fruchtfleisch junger Kokosnüsse, Streifen bunten Gelees, getrockneten roten Bohnen, Maiskolben, grünen „Nudeln“ aus transparentem Mungoerbsenmehl und sogar aus Brotstücken. Hinzu kommen entweder Sirup mit Rosengeschmack, Palmzuckersirup oder gesüßte Kondensmilch.

Weniger komplexe kühle Getränke sind die leuchtend bunten und oft übermäßig süßen Fruchtsaftkonzentrate, die den holländischen Namen *stroop* tragen. Eines der schmackhaftesten wird aus der Passionsfrucht (*markisa*) gemacht, die in den hügeligen Gebieten Balis, Javas, Sumatras und Sulawesis wächst. *Jeruk* ist die Bezeichnung für alle Zitrusfrüchte, *es jeruk* normalerweise der Saft der lokalen, grünschaligen Orangen.

Kaffee- und Teeplantagen waren wichtige koloniale Einkommensquellen und sind auch heute noch von Bedeutung. Es gibt in Indonesien zweierlei Tee: *air teh* („Teewasser“), meist zu Mahlzeiten serviert, ist kochendes Wasser mit leichtem Teegeschmack, während Tee, solo oder mit einem Imbiß im *warung* oder *rumah makan* gereicht, süß und milchig ist.

Kaffee erfreut sich in vielen Gebieten Indonesiens größerer Beliebtheit als Tee. Kaffeebohnen werden häufig dunkel geröstet und mit ein wenig Mais gemahlen. Fein gemahlener Kaffee wird nicht filtriert oder in einer Kaffemaschine zubereitet, sondern direkt ins Glas oder in die Tasse gegeben und mit kochendem Wasser übergossen. Der Trick, den Kaffee (als *kopi tobruk* bezeichnet) zu trinken, ohne Kaffeesatz in den Mund zu bekommen, besteht darin, etwas umzurühren, damit er sich setzt. Indonesier lieben Zucker, und Kaffee wird süß serviert, sofern man ihn nicht *pahit* („bitter") verlangt.

Zu den beliebten Getränken gehören eisgekühlte junge Kokosnuß, eisgekühlter Orangensaft, es bandung *mit Rosengeschmack und grünes* cendol.

Alkoholische Getränke sind fast immer zu haben, außer in konservativen moslemischen Gebieten. Zwei beliebte lokale Biersorten, Bintang und Anker, basieren auf der holländischen Brautradition. Die meisten westlichen Besucher sind der Ansicht, Bier sei das perfekte Getränk zu indonesischem Essen.

In vielen nicht-moslemischen Regionen wird ein Gebräu aus Reis oder aus der Milch der Kokosnuß bzw. *Lontar*-Palme gewonnen. Auf Bali gibt es *brem*, eine Art süßliches Reisbier. Klebriger Reis wird für Reiswein bevorzugt; in Teilen Kalimantans stellt man ihn in wertvollen Krügen her, welche die Chinesen vor Jahrhunderten einführten.

Palmwein entsteht aus der Milch oder dem Saft, der aus dem Blütenstand der Kokosnuß oder *Lontar*-Palme fließt. Man genießt ihn frisch oder läßt ihn einige Tage reifen. Aus Überbleibseln wird ein überaus kräftiger *arak* (Brandy) distilliert.

Teil II: Die indonesische Küche

Eine Kombination von einfach und praktisch

Einer der vielen verblüffenden Aspekte Indonesiens ist die Tatsache, daß so schmackhafte Gerichte – oft eine komplexe Mischung von Kräutern und Gewürzen – in den einfachsten Küchen entstehen. Die glänzende moderne Designerküche mit Kachelflächen, elektrischen Geräten sowie fließendem heißem und kaltem Wasser ist den meisten Indonesiern unbekannt. Küchen sind eher funktional als ästhetisch, und Mahlzeiten werden über einem einfachen Holzfeuer oder einem *kompor* (Kerosinbrenner) gekocht.

Die Zubereitung von indonesischen Gerichten in Ihrer eigenen Küche erfordert keine komplizierte Vielfalt von Zutaten, doch es gibt bestimmte Utensilien, die die Aufgabe sehr erleichtern. Am wichtigsten ist ein Gerät, mit dem man die Gewürze (*bumbu*) mahlt oder zerstößt, welche die Grundlage zahlloser indonesischer Gerichte bilden und auch als Würzpasten (*sambals*) verwendet werden.

In Indonesien kommen ein untertassenförmiger **Granitmahlstein** und ein **Granitstößel** zum Einsatz. Anders als in Malaysia und in Thailand, wo die Zutaten mit einem Stößel in einem tiefen Mörser bearbeitet werden, mahlt oder zerreibt der indonesische Koch die Zutaten auf der Granitfläche.

Obwohl Mörser und Stößel bei kleinen Mengen von Zutaten sehr nützlich sind, werden die meisten modernen Köche auf einen **Mixer** oder gar eine **Kaffeemühle** zurückgreifen, um Gewürzpaste (*bumbu*) herzustellen (siehe S. 32).

Ebenfalls wichtig sind ein **Hackbrett** und ein **Hackbeil**. Hiermit lassen sich zahlreiche Aufgaben erledigen: Huhn in die erforderliche Größe zerteilen, Gemüse schneiden, Fleisch oder Fisch kleinhacken (falls kein Fleischwolf vorhanden). Mit der stumpfen Seite des Hackbeils kann man z.B. Zitronengras, Kardamomhülsen oder Knoblauch (um die Schale zu entfernen) zerdrücken. Es empfiehlt sich, das größtmögliche Hackbrett und ein Hackbeil mit einer 8-10 cm tiefen Klinge zu verwenden.

Ein **Wok**, eine konische Pfanne, ist einer herkömmlichen Pfanne für viele Gerichte unbedingt vorzuziehen. Dieses *kuali* (oder auf Java *wajan*) genannte und vielseitige Utensil eignet sich gut fürs Braten und Fritieren (es benötigt weniger Öl) und ermöglicht auch das richtige Maß an Verdunstung bei jenen Gerichten, die mit einer großen Flüssigkeitsmenge beginnen und schließlich eine dicke Soße aufweisen. Bei der

***Linke Seite**: Terrakotta-Pfannen werden hier per Fahrrad auf den Markt gebracht.*
***Unten**: Traditionelle Tonwaren werden in indonesischen Küchen immer noch verwendet.*

Wahl des Woks sollte man Aluminium und Teflon meiden.

Ein gußeiserner schwerer Wok, der nicht leicht umkippt, ist vorzuziehen, und als Rolls Royce der Woks gilt jener, der kunststoffbeschichtet ist und nicht verkratzt, wenn Metallöffel verwendet werden.

Zur Ergänzung des Woks sind eine **Bratkelle** oder **Metallspachtel** sowie ein **perforierter Schöpflöffel** nützlich, um gebratene Zutaten aus dem Wok zu heben. Indonesische Köche verwenden zum Umrühren auch eine Reihe von Löffeln aus Holz oder Kokosnußschale.

Löffel aus Holz oder Kokosnußschale werden in der indonesischen Küche häufig eingesetzt.

Es ist wichtig, keine Kochtöpfe aus Aluminium oder Gußeisen bei der Zubereitung indonesischer Gerichte einzusetzen. Viele Rezepte erfordern säurehaltige Zutaten wie Tamarindensaft oder weiße Kokosmilch, und die obengenannten Materialien führen zu einer verfärbten Soße und einer chemischen Reaktion. Empfehlenswert sind **Töpfe** aus rostfreiem Stahl oder Glas und Töpfe, die emailliert oder mit Teflonbeschichtung versehen sind.

In Bananenblatt eingewickelte Speisen werden oft gedünstet und meist in den konischen Korb gelegt, mit dem man Reis dünstet. Am praktischsten ist es, einen zweistufigen chinesischen **Bambusdampftopf** zu kaufen. Bambus ist ideal, da dieses Material die Feuchtigkeit aufsaugt, statt sie wieder an die Speisen abzugeben.

Eine Alternative zum Bamubsdampftopf stellt eine **perforierte Metallscheibe** dar, die im Wok über dem kochenden Wasser angebracht ist; hierauf haben jedoch nicht so viele Speisen wie in einem Dampftopf Platz, und man benötigt einen konvexen Deckel, der auf den Wok paßt.

Ein Utensil, das in der indonesischen Küche häufig verwendet wird, ist selten außerhalb der Tropen erhältlich. Es handelt sich um das **Bananenblatt**, in das man Speisen wickelt, die gegrillt, gedünstet oder direkt auf heiße Kohlen gelegt werden.

Einen Eindruck von der Vielseitigkeit des Bananenblatts vermittelt eine indonesische Kochanleitung , in der 24 verschiedene Arten der Bananenblattumwicklung abgebildet sind.

Stehen Bananenblätter zur Verfügung, werden sie zur erforderlichen Größe zurechtgeschnitten. Vor einer Umwicklung sollte man sie zur Erweichung direkt über eine Gasflamme halten oder in kochendes Wasser legen. Leider kann Bananenblattersatz in bezug auf Geschmack und Textur dem Original nicht das Wasser reichen.

Aluminiumfolie wird meist empfohlen, doch um eine Textur wie beim Einsatz von Bananenblatt zu erzielen, sollten die Speisen zuerst in Pergamentpapiert und dann in die Folie gewickelt werden.

DOPPELTE BANANENBLATTUMWICKLUNG

***Schritt 1**: Zutaten in die Mitte des Blattes legen und auf einer Seite einfalten*

***Schritt 2**: Auf der anderen Seite wiederholen*

***Schritt 3**: Das eine Ende der Falte nach vorne klappen, das andere nach hinten*

***Schritt 4**: Auf der anderen Seite wiederholen, um den Inhalt fest zu umschließen*

***Schritt 5**: Das Bündel in die Mitte eines Blattstreifens legen und hochfalten*

***Schritt 6**: Mit einem Zahnstocher sichern*

EINFACHE BANANENBLATTROLLEN (*PEPES*)

***Schritt 1**: Zutaten wie abgebildet auf das Blatt legen*

***Schritt 2**: Fest einrollen*

***Schritt 3**: Beide Enden der Rolle mit einem Zahnstocher sichern*

Zubereitungsmethoden

Die überaus wichtige Gewürzpaste und die Kokosmilch vorbereiten

Granitmörser und Stößel werden verwendet, um die Grundgewürzpaste (bumbu) *herzustellen, doch ein Mixer erledigt die Aufgabe schneller und müheloser.*

Indonesische Gerichte werden unterschiedlich zubereitet: gebraten, fritiert, über Kohlen gegrillt, gesiedet, gedünstet und sogar (in Irian Jaya) wie in Polynesien in einem Erdofen gebacken.

Es ist notwendig, die Kunst der Zubereitung der **Grundgewürzpaste** *(bumbu)* zu meistern. Indonesische Köche verwenden einen Mahlstein. Zutaten werden vor dem Mahlen geschält und falls erforderlich zerhackt oder in Scheiben geschnitten. Kommt ein Mixer zum Einsatz, verarbeitet man die Gewürze auf ähnliche Weise wie mit einem Mahlstein, doch es gilt, Flüssigkeit beizufügen, um die Messer des Geräts nicht zum Stillstand zu bringen. Soll die Gewürzpaste gebraten werden, geben Sie ein wenig der angegebenen Menge Öl in den Mixer. Wird die Gewürzpaste in Kokosmilch, Brühe oder Wasser gesiedet, kann man jeweils etwas davon beirühren.

Beim Mahlen der Gewürzpaste haben zunächst die harten Zutaten Vorrang: getrocknete Gewürze, Nüsse und zähe faserige Rhizome wie die Galangawurzel und Zitronengras. Sind diese Zutaten fein gemahlen, geben Sie weichere Rhizome hinzu, etwa Kurkuma, Ingwer und frische oder aufgeweichte getrocknete Chilies. Anschließend jene Zutaten fein mahlen, die Wasser enthalten, z.B. Schalotten und Knoblauch. Schließlich geben Sie Garnelenpaste sowie Tamarindensaft hinzu.

Die Gewürzpaste wird dann entweder in Öl gebraten oder in Flüssigkeit gesiedet . Wird sie gebraten, geben Sie die Paste bei geringer bis mittlerer Hitze in Öl und rühren hin und wieder um, bis sich ein Duft ausbreitet. Dies dauert 3-5 Minuten. Oft fügt man Fleisch oder Geflügel der Gewürzpaste hinzu und brät das Ganze unter ständigem Umrühren, bis das Fleisch von einer Schicht umhüllt ist und sich seine Farbe verändert hat. Kokosmilch wird häufig in diesem Stadium beigefügt und die Flüssigkeit zum Kochen gebracht, bevor man die Hitze verringert und das Gericht gar sieden läßt.

Beim Kochen mit **Kokosmilch** gilt es darauf zu achten, daß diese nicht gerinnt. Häufig umrühren, etwas davon mit einem Löffel anheben und in den Wok zurückgießen, während sie zum Kochen gebracht wird. Ist die Milch am sieden, sollte die Pfanne nicht zugedeckt sein. Dicke Kokosmilch wird mitunter im Endstadium beigegeben, um eine festere Konsistenz zu erzielen und den Geschmack zu verbessern. Beim Erhitzen ständig umrühren, doch nicht kochen lassen.

Reis

Eine Mahlzeit ist ohne Reis keine Mahlzeit; ein Grundnahrungsmittel von großer ritueller Bedeutung

Reis, das Grundnahrungsmittel von Millionen von Indonesiern, ist weit mehr als nur ein Lebensmittel. Die Pflanze, so glaubt man, habe einen Geist oder eine Seele und steht deshalb im Mittelpunkt vieler Riten und Zeremonien.

Obwohl es Dutzende von Reisarten in Indonesien gibt, fallen die meisten in zwei Kategorien: **weißen, polierten Langkornreis** und **Klebreis**. Ersterer wird als Grundnahrungsmittel verzehrt, während aus Klebreis Nachspeisen, Kuchen und Zwischenmahlzeiten zubereitet werden. Klebreis (*ketan* oder *pulot*) ist entweder weiß oder leicht lila/schwarz (*pulot hitam*), mit herrlich nußartigem Geschmack.

Für das Reiskochen gibt es keine alleinseligmachende Methode, und wenn Sie bereits mit Ihrer eigenen zufrieden sind, sollten Sie es dabei belassen. Es ist jedoch wichtig, den Reis vorher gründlich zu waschen, um Unreinheiten und Stärke zu entfernen – andernfalls kann der Reis matschig werden. Den Reis in einen Topf legen, diesen zur Hälfte mit Wasser füllen, die Körner ein paar Sekunden lang reiben und das Wasser abschütten. Dies wiederholen, bis das Wasser klarbleibt. Abtropfen lassen.

Ein traditioneller Reisdünster oder kukusan.

Die Absorptionsfähigkeit des Reises hängt von Reisart und Alter ab – älterer Reis absorbiert mehr Flüssigkeit. Die Kochzeit hängt von Art und Gewicht des Topfes sowie von der Hitzezufuhr ab. Folgende Absorptionsmethode ist in Asien weit verbreitet.

EINFACHER REIS (*NASI PUTIH*)

Wenigstens eine $^1/_2$ Tasse rohen Reises pro Person abmessen und gründlich waschen. In einen schweren Topf geben und soviel Wasser hinzuschütten, daß es den Reis bedeckt und etwa 2 cm tief steht. Den Topf zudecken und bei hoher Hitze zum Kochen bringen. Den Deckel etwas zur Seite schieben, die Hitze leicht verringern und sieden lassen, bis alles Wasser absorbiert worden ist und Grübchen oder „Krater" auf der Reisoberfläche erscheinen. Die Hitze auf ein Minimum reduzieren, den Topf zudecken und den Reis wenigstens weitere 10 Minuten kochen lassen. Den Deckel entfernen, den Reis mit einer Gabel lockern (vorher **nicht** umrühren), Kondenswasser vom Deckel wischen und den Topf wieder zudecken. Der Reis bleibt nun wenigstens 15-20 Minuten warm.

Indonesische Zutaten

Der Koch als Künstler: eine Grundausstattung an Kräutern, Gewürzen und Zutaten

Basilikum

Carambola

Kerzennuß

Viele indonesische Zutaten sind nun in asiatischen Spezialitätengeschäften und sogar Supermärkten im Westen erhältlich. Nachstehend die wichtigsten Zutaten und Ersatzmöglichkeiten.

ANCHOVIS, GETROCKNET (*ikan teri*): Kleine, getrocknete, gesalzene Anchovis werden verwendet, um einige Gerichte zu würzen. In den meisten chinesischen Geschäften erhältlich. Falls nicht gerade winzig, sind Anchovis gewöhnlich weniger als 2,5 cm lang. Köpfe und schwarze Innereien sollten vor dem Braten entfernt werden.

BASILIKUM (*daun selasih, daun kemangi*): Zwei Arten dieses duftenden Krautes findet man in Indonesien. Sie werden meist in letzter Minute den Gerichten hinzugegeben, um maximalen Geschmack zu verleihen. *Daun kemangi* hat einen zitronenartigen Geruch, während *daun selasih* (identisch mit dem thailändischen *horapa*) mehr dem süßen europäischen Basilikum ähnelt, der als Ersatz in Frage kommt.

CARAMBOLA, SAUER (*belimbing wuluh*): Diese fahlgrüne saure Frucht, etwa 5-8 cm lang, wächst in Büscheln auf einem Baum. Sie ist eine Verwandte der großen, süßen Sternfrucht und wird ganz oder in Scheiben verwendet, um manchen Suppen, Fischgerichten und *sambals* einen sauren Geschmack zu verleihen. Grapefruit- oder Tamarindensaft dienen als Ersatz.

CHILIES (*cabai*, auch *cabe* oder *lombok*): Verschiedene Arten werden verwendet, wobei die Schärfe mit sich verringernder Größe zunimmt. **Grüne Chilies** sind unreife Früchte und haben einen Geschmack, der sich von dem der reifen **roten Chilies** unterscheidet. Frische, fingerlange rote Chilies kommen am häufigsten zum Einsatz; sie werden auch getrocknet und einigen Gerichten beigefügt, besonders auf Sumatra. **Getrocknete Chilies** sollten in Stücke zerteilt und in heißem Wasser eingeweicht werden, bevor sie gemahlen oder anderweitig verarbeitet werden. Die schärfsten Chilies sind die winzigen, feurigen **Vogelaugenchilies** (*cabai rawit*).

Um die Schärfe eines Gerichts zu verringern, ohne Geschmack einzubüßen, sollte man einige oder alle Samen entfernen. Die Hände gründlich waschen: Das Öl der Chilies kann Haut und Augen angreifen.

ERDNÜSSE (*kacang tanah*): Roh oder gemahlen sind sie Bestandteil von Soßen; fritierte Erdnüsse sind eine beliebte Garnitur oder Zutat. Erdnüsse vor der Aufbewahrung nicht salzen, damit sie nicht weich werden.

FENCHEL (*jinten manis*): Dem Kreuzkümmel ähnlicher Samen, jedoch etwas größer, weißer und mit einem an Anis erinnernden Duft.

FRÜHLINGSZWIEBELN (*daun bawang*): Dieses beliebte Kraut wird oft als Garnitur verwendet und verleiht vielen Gerichten zusätzlichen Geschmack.

GALANGAWURZEL (*laos*): Dieses Mitglied der Ingwerfamilie hat eine sehr harte Wurzel mit schwer zu definierendem Duft, die vor der Verwendung geschält werden muß. Der beste Ersatz sind in Wasser aufbewahrte *Laos*-Scheiben in Gläsern (aus Thailand). Andernfalls nehmen Sie getrocknete *Laos*-Scheiben (30 Minuten in kochendem Wasser aufgeweicht) oder pulverisierte *Laos* (1 Teelöffel = 2,5 cm).

GARNELEN, GETROCKNETE (*ebi*): Diese Würzzutat sollte vor der Verwendung 5 Minuten lang in heißem Wasser eingeweicht werden. Schalenreste sind zu entfernen. Darauf achten, daß getrocknete Garnelen rosafarben und nicht grau sind.

GARNELENPASTE, GETROCKNETE (*trasi*): Diese sehr intensive Würzzutat ist für Neulinge oft etwas anrüchig. Sie wird vor dem Verzehr immer gegart, was den Geruch vernichtet und den Geschmack sehr verbessert. Am besten schmiert man die benötigte Menge auf ein Stück Folie und grillt sie auf jeder Seite etwa eine Minute lang (alternativ in der Pfanne 2 Minuten lang braten). Soll der scharfe Geruch während des Kochens vermieden werden, die Paste gut in die Folie einwickeln. Wird die Garnelenpaste zusammen mit anderen Gewürzpastenzutaten gebraten, muß man sie nicht vorher einzeln garen.

Die Garnelenpaste ist unter dem indonesischen Namen *trasi* oder der malaiischen Bezeichnung *belacan* bekannt. In der Farbe variiert sie von Violett-Rosa bis zu Braun-Schwarz.

GARNELENPASTE, SCHWARZE (*petis*): Dicke, sirupartige Paste, meist in Gläsern oder Plastiktuben erhältlich, mit starkem Garnelengeschmack. *Petis* wird zum Würzen von Soßen eingesetzt und ist Bestandteil von *Rojak*, einem Frucht- und Gemüsesalat mit einer scharf-sauren, leicht fischigen Soße.

GEWÜRZNELKE (*cengkeh*): Dieses kleine, braune, nagelförmige Gewürz wuchs einst nur auf den Molukken. Gewürznelke kommt in der indonesischen Küche weniger als erwartet zum Einsatz.

INGWER (*jahe*): Diese blasse, cremefarbene Wurzel wird häufig eingesetzt, nicht nur als Gewürz, sondern auch im medizinischen Bereich (sie fördert die Verdauung, treibt Winde aus, verbessert den Appetit und soll bei Erkältungen helfen). Von frischem Ginger scha-

Chinesischer Sellerie

Chilies

Kokosnuß

Grober Schnittlauch

Zimt

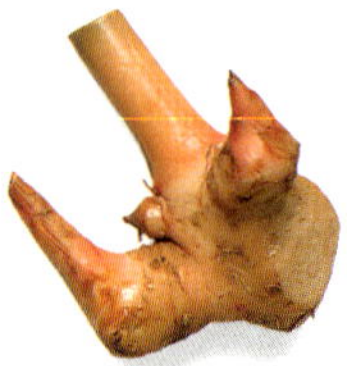

Laos

Kencur

Zitronengras

ben Sie vor Gebrauch immer die Schale ab. Nicht durch gemahlenen Ingwer ersetzen, denn der schmeckt ganz anders. An einem kühlen Ort hält sich Ingwer wochenlang.

KARDAMOM (*kepulaga*): Etwa 8-12 intensiv duftende schwarze Samen sind in der strohfarbenen, faserigen Hülse enthalten. Versuchen Sie, eine ganze Hülse zu erstehen, statt Kardamomsamen oder -pulver, um den besten Geschmack zu erzielen. Die Hülse zerdrücken, bevor sie zum Kochen eingesetzt wird.

KENARI: Eine weiche, etwas ölige Nuß von den Molukken. Mandeln sind der beste Ersatz.

KENCUR: Die Zitwerwurzel (*Kaemferia galanga*) wird manchmal fälschlicherweise als Kleine Galangawurzel bezeichnet. Diese dem Ingwer ähnliche Wurzel hat einen einzigartigen Kampfergeschmack und sollte nur sparsam verwendet werden. Gut waschen, und wenn Sie empfindlich sind, dann schaben Sie vor der Verwendung die Schale ab. Getrocknete *Kencur*-Scheiben oder *Kencur*-Pulver eignen sich als Ersatz. Weichen Sie die getrockneten Scheiben 30 Minuten in kochendem Wasser ein; $^1/_2$-1 Teelöffel Pulver entspricht etwa 2,5 cm frischer Wurzel.

KERZENNUSS (*buah kemiri*): Eine runde, cremefarbene Nuß von öliger Konsistenz. Kerzennüsse werden schnell ranzig und müssen in Kühlschrank aufbewahrt werden. Rohe Cashewnüsse eignen sich als Ersatz.

KNOBLAUCH (*bawang putih*): Die Gerichte dieses Buches verwenden indonesischen Knoblauch, dessen Zwiebeln meist kleiner und weniger scharf sind als jene des in westlichen Ländern verbreiteten Knoblauchs. Die Menge dem individuellen Geschmack anpassen.

KOKOSNUSS (*kelapa*): Kokosnüsse werden nicht nur in der Küche Indonesiens verwendet, sondern auch zu Palmzucker, Alkohol, Baumaterial, Utensilien und Kohle verarbeitet. Das geraspelte Fruchtfleisch ist eine wichtige Zutat und Quelle der Kokosmilch.

Um **frische Kokosmilch** zu gewinnen, geben Sie das frisch geraspelte Fruchtfleisch einer reifen Kokosnuß in eine Schale und gießen $^1/_2$ Tasse lauwarmen Wassers hinzu. Sie drücken und kneten die Kokosnuß 1 Minute lang gründlich durch, pressen dann das Fruchtfleisch mit der Hand aus und sieben dicke Kokosmilch in eine Schale. Der Vorgang wird mit weiteren $2^1/_2$ Tassen Wasser wiederholt, um dünne Kokosmilch zu gewinnen. Eine Mischung der dicken und dünnen Milch wird von den Rezepten verwendet – es sei denn, dicke Milch ist gefordert.

Kokosmilch kann eingefroren werden; nach dem Auftauen gilt es, gründlich umzurühren. Der beste Ersatz für frische Kokosmilch als Zutat zu Gemüse, Meeresfrüchten, Fleisch und Soßen ist **Kokosnußpulver**. Dies wird mit warmem Wasser vermischt, wie auf der Packung beschrieben. Für Nachtische und Kuchen empfiehlt sich **Kokoscreme aus der Dose**.

KORIANDER (*ketumbar*): Kleine, strohfarbene Samen mit leichtem Orangengeschmack; eines der am meisten verwendeten Gewürze Indonesiens. Es wird oft zusammen mit weißem Pfeffer und Kreuzkümmel eingesetzt.

KREUZKÜMMEL (*jinten*): Dieses kleine, beige, längliche Gewürz ist eines der beliebtesten Indonesiens. Nicht mit Fenchel verwechseln.

KRUPUK: Getrocknete Chips aus Krabben, Fisch, Gemüse oder Nüssen, vermischt mit verschiedenen Mehlsorten, sind als Garnitur oder Imbiß enorm beliebt. Sie müssen trocken sein, wenn man sie ein paar Sekunden lang in sehr heißem Öl fritiert, bis sie sich aufblähen und knusprig werden.

KURKUMA/GELBWURZEL (*kunyit*): Eine leuchtend-gelbe Wurzel der Ingwerfamilie mit sehr ausgeprägtem Geschmack. Schaben Sie vor der Verwendung die Schale ab. Steht keine frische Kurkuma zur Verfügung, ersetzen Sie 2,5 cm der frischen Wurzel durch 1 Teelöffel Kurkumapulver. Das Blatt der Pflanze wird manchmal als Kraut verwendet, besonders auf Sumatra. Es gibt keinen Ersatz.

LIMONE: Verschiedene Limonenarten werden in Indonesien verwendet. Am stärksten duftet die **Kaffirlimone** (*jeruk purut*). Sie hat so gut wie keinen Saft, doch das paarweise angeordnete Blatt wird ganz oder fein zerschnitten zum Kochen verwendet, und auch die geraspelte Schale kommt gelegentlich zum Einsatz. Runde **gelbschalige Limonen**, etwas größer als ein Golfball (*jeruk nipis*), und kleine **dunkelgrüne Limonen** (*jeruk limau*) liefern Saft. Falls keine Limonen zur Verfügung stehen, eignen sich Zitronen als Ersatz.

MUSKAT (*pala*): Reiben Sie die Muskatnuß stets unmittelbar vor dem Gebrauch – das Pulver verliert sein Aroma sehr schnell. Ganze Muskatnüsse halten sich fast unbegrenzt.

NUDELN (*mi, mie*): Von den Chinesen eingeführt und überall beliebt. Verbreitet sind die spaghettiartigen **gelben Eiernudeln** (*bami*) und **getrocknete Reisnudeln** (*mihun*). **Glasnudeln** aus Mungobohnenmehl (*sohun*) werden für Suppen und Gemüsegerichte verwendet, um ihnen Textur zu verleihen.

PALMZUCKER (*gula merah, gula Jawa*): Der Saft der Kokosblüte oder Palmyrapalme wird gekocht, in Formen gepreßt und ergibt einen Zucker mit leichtem Karamelgeschmack. Als Ersatz für Palmzucker eignet sich brauner Zucker oder eine Mischung aus braunem Zucker und Ahornsirup.

Um **Palmzuckersirup** herzustellen, mischen Sie gleiche Teile von gehacktem Palmzucker und Wasser und fügen ein Pandanusblatt hinzu. Zum Kochen bringen, 10 Minuten sieden lassen, durchsieben und im Kühlschrank aufbewahren.

PANDANUSBLATT (*daun pandan*): Das duf-

Kaffirlimone

Limonen

Palmzucker

Pandanusblatt

Salamblatt

Garnelenpaste

Schalotten

Frühlingszwiebeln

tende Blatt einer Pandanusart, gelegentlich als „duftende Schraubenpalme“ bezeichnet, wird geknotet und als Aroma für Desserts und Kuchen verwendet. Ersatzweise nehme man Pandanusessenz aus der Flasche.

PFEFFER (*merica, lada*): Ganze schwarze oder weiße Pfefferkörner werden unmittelbar vor der Verwendung zerquetscht. Gemahlener weißer Pfeffer kommt auch zum Einsatz.

SALAM-BLATT (*daun salam*): Dieses subtil aromatische Blatt der Kassiafamilie hat überhaupt keine Ähnlichkeit mit dem Geschmack von Lorbeer, der manchmal als Ersatz vorgeschlagen wird. Sind getrocknete *Salam*-Blätter nicht erhältlich, einfach weglassen.

SCHALOTTEN (*bawang merah*): Diese kleinen Zwiebeln sind in ganz Indonesien beliebt. Sie werden in Scheiben geschnitten und roh gegessen, sind Bestandteil von *sambal*, werden zu Gewürzpasten gemahlen, beim Kochen hinzugefügt oder bilden als Scheiben oder fritiert Indonesiens beliebteste Garnitur. Fritierte Schalotten sind meist in asiatischen Spezialitätengeschäften erhältlich. Wenn sie ihre Knusprigkeit verlieren, sollte man sie für kurze Zeit in einen Ofen legen. Vor der Aufbewahrung gut trocknen lassen. Indonesische Schalotten sind kleiner und milder als in westlichen Ländern – also u.U. die angegebene Menge reduzieren.

SCHNITTLAUCH, GROBER (*kucai*): Grober Schnittlauch, flache, etwa 30 cm lange Blätter, dient als Gewürz. Frühlingszwiebeln, obwohl zarter im Geschmack, eignen sich als Ersatz.

SELLERIE (*selderi*): Der in Indonesien verwendete Sellerie unterscheidet sich von der westlichen Sorte: Er hat dünne Stangen und besonders scharfe Blätter und wird eher als Kraut denn als Gemüse eingesetzt.

SOJABOHNEN, GESALZEN (*tauco*): Diese chinesische Zutat mit charakteristischem Geschmack wird als Würze und bei der Zubereitung eines schmackhaften *Sambals* eingesetzt. In Gläsern erhältlich.

SOJASOSSE: Zwei Sojasoßen werden in Indonesien verwendet: **dicke süße Sojasoße** (*kecap manis*), meist mit zerschnittenen Chilies gereicht, und die dünnere, salzigere **leichte Sojasoße** (*kecap asin*). Ist *kecap manis* nicht erhältlich, nehme man dicke, schwarze chinesische Sojasoße und süße diese mit braunem Zucker.

STERNANIS (*bunga lawang*): Ein achtzackiges, sternförmiges, dunkelbraunes Gewürz. Jeder Zacken enthält einen glänzenden, braunen und runden Samen mit starkem Anis- oder Lakritzegeschmack.

TAMARINDE (*asam Jawa*): Die Hülse des Tamarindenbaums enthält Samen umgeben von Fruchtfleisch, das vielen Gerichten eine fruchtige Säure verleiht. In Packungen mit getrocknetem Tamarindenmark findet man meist Samen und Fasern. Um **Tamarinden-**

saft zu gewinnen, legen Sie 1 Teil Mark 5 Minuten lang in 3 Teile heißes Wasser, bevor Sie das Mark auspressen. Samen, Fasern und Schalenreste werden ausgefiltert.

TAPIOKA (*ubi kayu*): Die Wurzel dieser Pflanze, auch Maniok genannt, und die zarten grünen Blätter werden als Gemüse verzehrt. Die Wurzel wird auch geraspelt und mit Kokosnuß sowie Zucker vermischt, um Kuchen zuzubereiten. Fermentierte Tapiokawurzel gibt man einigen Nachtischen bei, während die getrocknete Wurzel zu kleinen Klößchen – vergleichbar mit Sagoperlen – verarbeitet wird. Tapiokablätter lassen sich durch Spinat ersetzen.

TEMPEH: Diese javanische Kreation, Kuchen aus zusammengepreßten, leicht fermentierten Sojabohnen, wird zunehmend bei Anhängern gesunder Kost auf internationaler Ebene bekannt. Sie ist reich an Protein und hat einen leckeren, nußartigen Geschmack.

TOFU (*tahu*): Von den Chinesen eingeführt und nun beliebter Bestandteil von vegetarischen Gerichten und Salaten – eine günstige Proteinquelle. Tofu wird manchmal auch zusammengepreßt und als **harte Tofukuchen** angeboten. Man sollte herkömmlichen Tofu nicht mit dem weichen Tofu verwechseln, der für chinesische Suppen und japanische Gerichte verwendet wird.

WASSERWINDE (*kangkung*): Diese Wasserpflanze ist nährstoffreich und hat einen hervorragenden Geschmack. Sie wird oft gedünstet und vielen Salaten mit einer würzigen Soße beigegeben. Die zarten Blätter und Spitzen der Pflanze werden verwendet, jedoch nicht der zähe, hohle Stiel. Auf chinesischen Märkten erhältlich (Kantonesisch: *ong choy*).

YAMSWURZEL (*bengkuang*): Aus dem tropischen Amerika stammend, wo sie *jicama* genannt wird. Die Knolle verfügt über eine beige Schale und ein knuspriges weißes Inneres. Sie wird Salaten und einigen Gemüsegerichten beigefügt. Wassernüsse sind ein akzeptabler Ersatz. Viele indonesische Zutaten sind nun in asiatischen Spezialitätengeschäften im Westen erhältlich.

ZIMT (*kayu manis*): Die dicke dunkelbraune Rinde einer Kassienbaumart wird in Indonesien verwendet, nicht der echte Zimt. Letzterer hat einen subtileren Geschmack und ist wesentlich teurer. Es gilt, statt gemahlenem Zimt immer ganze Rinde zu verwenden.

ZITRONENGRAS (*serai, sereh*): Dieses intensiv duftende Kraut verleiht vielen Gerichten einen zitronenartigen Geschmack und liefert Spießchen für Saté. Schneiden Sie die Wurzeln ab; nur der zarte untere Teil ist zu verwenden (15-20 cm), die harten äußeren Blätter müssen entfernt werden. Wird das Zitronengras nicht in Scheibchen geschnitten, schlägt man es mit der Kante eines Hackmessers, um das Aroma freizusetzen. Dann wird es verknotet, damit es beim Kochen nicht auseinanderfällt.

Sternanis

Kurkuma

Wasserwinde

Yamswurzel

Teil III: Die Rezepte

Rezepte für Nebengerichte und Sambals gehen jenen Gerichten voraus, die auf Seite 46 beginnen

In Indonesien werden Mahlzeiten selten als Einzelportionen serviert. Reis und Gerichte kommen auf den Tisch, und die Speisenden bedienen sich. Es ist deshalb schwer zu schätzen, wieviele Portionen ein Gericht hergibt. Doch generell reicht ein Mahl mit Reis und drei Gerichten für 4-6 Personen aus.

NEBENGERICHTE

Serundeng • *Gewürzte Kokosnuß mit Erdnüssen*

2 Schalotten, geschält, in Scheiben geschnitten
2 Knoblauchzehen, geschält und geschnitten
2 Teelöffel (TL) gehackter Palmzucker
1 TL getrockn. Garnelenpaste (*trasi*), geröstet
1 Eßlöffel (EL) Tamarindensaft
4 Tassen frisch geraspelte oder getrocknete Kokosnuß
100 g gebratene Erdnüsse, ohne Haut

Schalotten, Knoblauch, Palmzucker, Garnelenpaste und Tamarindensaft vermischen und mahlen. Gut mit der Kokosnuß mischen. In einem Wok bei niedriger Hitze unter ständigem Umrühren trocken braten, bis die Zutaten golden und knusprig sind. Die Erdnüsse beigeben und abkühlen lassen. Läßt sich im luftdichten Behälter wochenlang aufbewahren. Vor dem Servieren mit etwas Salz bestreuen.

Mengenangaben

Soweit wie möglich sind Mengenangaben in Volumenmaßen gehalten: 1 **Tasse** enthält 250 ml, 1 **Teelöffel** 5 ml und 1 **Eßlöffel** 15 ml oder 3 Teelöffel.

Geschätzter Zeitaufwand

Die Schätzung des Zeitaufwandes bezieht sich nur auf die Vorbereitung (ohne Garzeit) und beruht auf der Annahme, daß eine Küchenmaschine oder ein Mixer verwendet wird.

🕐 *Schnell und einfach vorzubereiten*

🕐🕐 *Relativ einfach – weniger als 15 Minuten Vorbereitungszeit*

🕐🕐🕐 *Mehr als 15 Minuten Vorbereitungszeit erforderlich*

***Links**:*
Eine Auswahl von Acar oder Pickles. Von oben im Uhrzeigersinn: Acar Bawang, Acar Cabe, Acar Segar & Acar Mentimun.

Dabu Dabu Kenari • *Eingelegte Gurken und Sojabohnensprossen*

1 mittelgroße Gurke (ca. 250 g), geschält und in Scheiben geschnitten
1 Tasse Sojabohnensprossen, blanchiert
4 Schalotten, fein geschnitten
3 rote Chilies, in Scheiben geschnitten
5 Vogelaugenchilies, in Scheiben geschnitten
4 Stiele Basilikum
50 g *Kenari*-Nüsse oder rohe Mandeln, geschält und grob gemahlen
3 EL Limonen- oder Zitronensaft
$^1/_2$ TL weißer Zucker
$^1/_2$ TL getrocknete Garnelenpaste (*trasi*), geröstet
$^1/_2$ TL Salz

Gurke und Sojabohnensprossen auf einem Teller auslegen und mit Schalotten, Chilies und Basilikum anreichern. Nüsse, Limonensaft, Zucker, Garnelenpaste und Salz vermischen und etwas warmes Wasser hinzufügen, um eine dicke Soße entstehen zu lassen. Soße über das Gemüse gießen und servieren.

Sambal Mangga auf daun mangkokan *serviert, einem dekorativem Blatt, das auf Sumatra als Kraut verwendet wird.*

Acar Bawang • *Eingelegte Schalotten*

2 EL weißer Essig
1 TL Salz
$1^1/_2$ EL weißer Zucker
3 EL warmes Wasser
24 Schalotten, geschält und geschnitten

Alle Zutaten außer den Schalotten vermischen; umrühren, bis sich der Zucker auflöst. Falls erwünscht, Chilies beigeben. 2-3 Stunden stehen lassen.

Acar Cabe • *Eingelegte Chilies*

$1^1/_2$ EL weißer Zucker
2 EL weißer Essig
1 TL Salz
$2^1/_2$ EL warmes Wasses
30 rote/grüne Vogelaugenchilies, geschnitten

Zucker, Essig, Salz und Wasser vermischen, bis sich der Zucker auflöst. Chilies hinzufügen, 2-3 Stunden stehen lassen. Im Kühlschrank 1 Woche haltbar.

Acar Mentimun • *Gurken-Pickles*

1 EL weißer Essig
$2^1/_2$ EL weißer Zucker
1 TL Salz
$2^1/_2$ EL heißes Wasser
1 mittelgroße Gurke, geschält, entkernt, der Länge nach auf- u. in Scheiben geschnitten

Essig, Zucker, Salz und Wasser vermischen, bis sich der Zucker auflöst, dann Gurke hinzufügen und 1 Stunde vor dem Servieren stehen lassen.

Acar Segar • *Gemüse-Pickles*

1 kleine Gurke, geschält, entkernt und zu „Streichhölzern" geschnitten
1 Karotte, geschält, zu Streichhölz. geschnitten

12 Schalotten, geschält und geviertelt
1½ Tassen Wasser
3 EL Essig
1 EL Zucker
1 TL Salz

Gemüse mischen. Wasser, Essig, Zucker und Salz vermischen und dem Gemüse hinzugeben. Mehrere Stunden vor dem Verzehr kühlen.

SAMBALS

Sambal Bajak • *Duftendes Chili-Sambal*

7 rote Chilies, entkernt und geschnitten
¼ TL frisch gemahlene Muskatnuß
1 TL getrockn. Garnelenpaste (*trasi*), geröstet
6 Schalotten, geschält und geschnitten
3 Zehen Knoblauch, geschält und geschnitten
1 TL Salz
1½ TL gehackter Palmzucker
2 EL Öl
2 *Salam*-Blätter
2 Stiele Zitronengras, zerstoßen
1 cm Galangawurzel, geschält und geschnitten
4 EL Tamarindensaft

Die ersten 7 Zutaten im Mixer mahlen. Öl erhitzen und die gemahlenen Zutaten mit *Salam*-Blättern, Zitronengras und *Laos* sautieren. Umrühren, bis die Mixtur ihre Farbe ändert. Tamarindensaft hinzugeben und noch 1 Minute sieden, dann abkühlen lassen. *Salam*-Blätter, Zitronengras und Galangawurzel vor dem Servieren entfernen. 1 Woche haltbar.

Sambal Bawang • *Schalotten-Sambal*

1½ Tassen Öl
25 Schalotten, geschält und geschnitten
10 rote Chilies, entkernt und in Scheiben
7 Zehen Knoblauch, geschält und in Scheiben
1 TL Salz
1 EL getrockn. Garnelenpaste (*trasi*), geröstet
1 EL Limonen- oder Zitronensaft

Öl erhitzen und alle Zutaten, außer dem Limonensaft, bei großer Hitze 2 Minuten lang sautieren. Kühlen, dann Saft hinzufügen. Bis zu 1 Woche haltbar.

Sambal Goreng Jipang • *Chayote-Sambal*

13 rote Chiles, entkernt und geschnitten
12 Schalotten, geschält und geschnitten
7 Knoblauchzehen, geschält und geschnitten
6 Kerzennüsse
2,5 cm Galangawurzel, geschält und gehackt
2 EL Öl
100 g getrocknete Garnelen, eingeweicht
1 TL brauner Zucker
3 Tassen Kokosmilch
3 *Salam*-Blätter
½ TL Salz
500 g Zucchini, geschält und in Scheiben geschnitten

Chilies, Schalotten, Knoblauch, Kerzennüsse und Galangawurzel zu einer groben Paste mahlen. Öl im Wok erhitzen, und die Gewürzpaste 1 Minute lang sautieren. Die getrockneten Garnelen und Zucker hinzufügen und weiter sautieren, bis die Mixtur duftet. Die Kokosmilch mit den *Salam*-Blättern und Salz hineingeben und fast zum Kochen bringen. Hinzu kommt das Gemüse, das siedet, bis es gar ist; dabei hin und wieder umrühren.

Sambal Kecap ist so einfach wie allgegenwärtig.

Sambal Kecap • *Süßes Sojasoßen-Sambal*

2 rote Chilies, entkernt und geschnitten
4 Schalotten, geschält und geschnitten
2 EL süße Sojasoße

Alle Zutaten gut vermischen und servieren.

Sambal Lada Hijau • *Sambal aus grünen Chilies und Anchovis*

$^1/_2$ Tasse getrocknete Anchovis (*ikan teri*)
1 Tasse Öl
4 Schalotten, geschält und geschnitten
6 grüne Vogelaugenchilies, geschnitten
2 mittelgroße Tomaten, entkernt, gewürfelt

Köpfe und schwarze Eingeweide von den Anchovis entfernen, falls sie noch nicht gesäubert worden sind. Das Öl bis auf einen Eßlöffel erhitzen und die Anchovis braten, bis sie knusprig und golden sind. Das Öl abgießen und die Zutaten beiseite stellen. Die Pfanne säubern, das verbleibende Öl hineingeben und die Schalotten, Chilies und Tomaten braten, bis sie weich sind. Die gebratenen Anchovis beifügen und mit gedünstetem Reis servieren.

Sambal Luat • *Yamswurzel-Sambal*

1 Yamswurzel (*bengkuang*), etwa 100 g oder 10-12 Wassernüsse, geschält und gewürfelt
10-15 rote Chilies, in Scheiben geschnitten
$^1/_2$ TL getrocknete Garnelenpaste (*trasi*), geröstet
2 Zehen Knoblauch
$^1/_2$ TL Salz
$1^1/_2$ EL Limonen- oder Zitronensaft
2 Stiele Basilikum

Yamswurzel in eine Schale legen. Chilies, Garnelenpaste, Knoblauch, Salz und Saft mixen. Mit der Wurzel mischen und mit Basilikum garnieren.

Sambal Manbo • *Saures Sambal*

1 EL Öl
5 Schalotten, geschält und geschnitten
2 Knoblauchzehen, geschält und geschnitten
6 Vogelaugenchilies, gehackt
6 kleine saure Carambola (*belimbing wuluh*) oder 2 EL Tamarindensaft
$1^1/_2$ Tassen gebratene Erdnüsse, grob gemahlen
1 TL getrockn. Garnelenpaste (*trasi*), geröstet
4 EL süße Sojasoße
1 TL Salz
1 grüne Tomate, in Scheiben geschnitten
2 Gurken, geschält und geschnitten

Öl erhitzen, Schalotten und Knoblauch sautieren, bis sie weich sind, dann Chilies, Carambola, Erdnüsse, Garnelenpaste und Sojasoße beifügen. Bei niedriger Hitze kochen lassen, bis die Carambola weich ist. Wird Tamarindensaft verwendet, nur 1 Minute sieden lassen. Mit Salz würzen und mit Tomaten und Gurken servieren. Paßt gut zu gegrilltem Fisch.

Sambal Mangga • *Mango-Sambal*

500 g unreife grüne Mangos, geschält und fein gehackt
1 EL Salz
10 Schalotten, geschält und gehackt
6 rote Chilies, in Scheiben geschnitten
4 grüne Chilies, in Scheiben geschnitten
1 TL getrockn. Garnelenpaste (*trasi*), geröstet
1 Stiel Basilikum, gehackt
$^1/_4$ Tasse Kokosöl oder anderes Öl

Mangos mit Salz bestreuen und 10-15 Minuten ziehen lassen. Den sauren Saft auspressen. Schalotten, Chilies und Garnelenpaste mahlen. Mit Basilikum und Öl vermischen und zu den Mangos geben.

Sambal Soto • *Suppen-Sambal*

5 Kerzennüsse, im ganzen goldbraun fritiert
10 Schalotten, geschält und geschnitten
20 Vogelaugenchilies, in Scheiben geschnitten
2-3 Knoblauchzehen
¼ TL Salz
1 TL weißer Zucker
¾ Tasse Limonen- oder Zitronensaft

Die ersten 4 Zutaten mahlen oder mixen. Salz, Zukker und Limonensaft hinzufügen. Gut mischen und mit Nudelsuppe servieren.

Sambal Tauco • *Gesalzenes Sojabohnen-Sambal*

½ Tasse gesalzene Sojabohnen (*tauco*)
½ Tasse Kokosmilch
Salz nach Geschmack

***Gewürzpaste*:**

6 Schalotten, geschält und geschnitten
3 Zehen Knoblauch, geschält und geschnitten
5 grüne Chilies, in Scheiben geschnitten
2 EL Öl
1 Stiel Zitronengras, zerstoßen
2 *Salam*-Blätter
1 EL Tamarindensaft
½ TL gehackter Palmzucker

Schalotten, Knoblauch und Chilies mahlen oder mixen. Öl erhitzen und die Paste zusammen mit allen anderen **Gewürzpaste**-Zutaten braten, bis ein Duft entsteht. Gesalzene Sojabohnen hinzufügen und 1 weitere Minute sautieren, dann Kokosmilch beigeben und sieden lassen; umrühren, bis sich das Ganze verdickt. Nach Geschmack mit Salz bestreuen und vor dem Servieren abkühlen lassen.

Sambal Trasi • *Sambal mit Garnelenpaste*

12 rote Chilies, entkernt und geschnitten
2 EL getrocknete Garnelenpaste (*trasi*), geröstet
1 mittelgroße Tomate, entkernt und feingehackt
1½ EL gehackter Palmzucker
1 EL Limonen- oder Zitronensaft

Alle Zutaten gut durchmixen oder mahlen. Vogelaugenchilies ergeben ein schärferes *sambal*.

***Unten*:** *Eine Platte voller Sambals. Im Uhrzeigersinn von oben: Sambal Bawang, Sambal Lada Hijau, Sambal Goreng Jipang, Sambal Laut, Sambal Soto, Sambal Trasi, Sambal Manbo und Sambal Bajak; Dabu Dabu Kenari in der Mitte.*

ASAM UDANG & SAMBAL TAPPA

Marinierte saure Garnelen & saures Mango-und Thunfisch-Sambal

Rechts:
Asam Udang (oben links) und Sambal Tappa (unten rechts).

ASAM UDANG

Belimbing wuluh, kleine saure Carambola-Früchte, wachsen reichlich in vielen Küchengärten in ganz Indonesien sowie in anderen Regionen Südostasiens. Sie verleihen diesem nordsumatranischen Salat einen leckeren Geschmack. Grapefruits oder saure Orangen können aber als Ersatz verwendet werden. ⌚

1 kg große Garnelen (mit Schale)
6 Schalotten, geschält und feingehackt
3 rote Chilies, entkernt, in feinen Scheiben
4 saure Carambola (*belimbing wuluh*), in Scheiben, oder 1 saure Grapefruit, geschält und gehackt
½ TL Salz

Legen Sie die Garnelen in eine Pfanne mit 2 Liter Wasser; zum Kochen bringen. 4 Minuten sieden lassen, das Wasser abschütten und die Garnelen 30 Sekunden lang in Eiswasser geben. Das Wasser abgießen, dann die Garnelen schälen.

Mahlen oder mixen Sie die Schalotten, Chilies und Carambolas zu einer feinen Paste. Abschmekken und ein wenig Limonen- oder Zitronensaft sowie Salz hinzufügen, wenn sie nicht sauer genug ist. Die Garnelen dazugeben und servieren.

SAMBAL TAPPA

Dieses Rezept stammt aus Ambon, Molukken, wo Thunfisch reichlich vorkommt. Obwohl der Geschmack nicht so gut ist, kann Dosenthunfisch als Ersatz verwendet werden, falls frischer Fisch nicht zur Verfügung steht. ⌚

5 saure grüne Mangos, geschält und in Stückchen
2 TL Salz
600 g frischer Thunfisch, gegrillt und in Stückchen
3 Schalotten, geschält und in Scheiben geschnitten
1 TL weiße Pfefferkörner, gemahlen
¼ Tasse dicke Kokosmilch

Vermischen Sie die Mangos mit Salz, und lassen Sie diese 10 Minuten stehen. Auspressen, um die saure Flüssigkeit zu entfernen. Mit dem Thunfisch, Schalotten, Pfeffer und Kokosmilch vermischen und servieren.

KAREDOK & LOTEK

Rohes Gemüse & gekochtes Gemüse mit Erdnußsoße

Rechts:
Karedok (rechts) und Lotek (links).

KAREDOK

Die Sundanesen Westjavas lieben bekanntlich Gemüse, roh wie gekocht, und verzehren es oft als Zwischenmahlzeiten. Natürlich können diese Gerichte auch mit Reis als Teil einer Hauptmahlzeit serviert werden. ⌚⌚

¼ mittelgroßer runder Weißkohl, gehobelt
1 kleine Gurke, geschält, der Länge nach halbiert und in Scheiben geschnitten
2 Tassen Sojabohnensprossen, gesäubert
4 winzige runde Auberginen oder 1 kleine lange Aubergine, in feinen Scheiben
100 g junge grüne Bohnen, gewürfelt
4 Stiele Basilikum
Gebratene Schalotten und Garnelenchips (*krupuk*) als Garnitur

***Gewürzpaste*:**

4 Zehen Knoblauch, geschält und geschnitten
8 rote Chilies, entkernt und geschnitten
5 cm *kencur*, geschält und geschnitten
1 TL getrockn. Garnelenpaste (*trasi*), geröstet
1 EL Tamarindensaft
4 EL gehackter Palmzucker
2 TL Salz

Legen Sie das Gemüse in eine Schale. Die Zutaten der **Gewürzpaste** mahlen oder mixen, wenn nötig Wasser beigeben. Die Soße übers Gemüse gießen. Gut mischen, mit Schalotten u. *krupuk* garnieren

LOTEK

Die Soße, die mit diesem gekochten Gemüsesalat serviert wird, enthält gemahlene Erdnüsse – schmackhaft und nährstoffreich. Es heißt, daß die sundanesischen Frauen eine schöne Haut haben, weil sie so viel Gemüse essen. ⌚⌚

250 g Wasserwinde (*kangkung*) oder Spinat, gedünstet
250 g Kürbis, in Stücke geschnitten und gedünstet
250 g grüne Bohnen, in 4 cm lange Stücke geschnitten und gedünstet
250 g junge Jackfrucht, gewürfelt und in Wasser gesiedet, bis sie zart sind
100 g Sojabohnensprossen, blanchiert
1 große Kartoffel, gekocht, geschält, gewürfelt
5 Vogelaugenchilies, in Scheiben geschnitten
2 cm *kencur*, in Scheiben geschnitten
½ TL getrocknete Garnelenpaste, geröstet
1 TL gehackter Palmzucker
¼ TL Salz
½ Tasse gebratene Erdnüsse, gemahlen

Bereiten Sie das Gemüse vor, und stellen Sie es beiseite. Chilies, *kencur*, Garnelenpaste, Palmzucker und Salz mahlen oder mixen. Gut zu einer Soße vermischen. Nach Geschmack würzen. Das Gemüse mit der Soße darüber servieren und mit gemahlenen Erdnüssen besprenkeln.

GADO GADO & REMPEYEK KACANG

Gemüsesalat mit Erdnußsoße & knusprige Erdnußchips

Rechts: *Rempeyek Kacang (oben links) und Gado Gado (Mitte).*

GADO GADO ⌚

100 g grüne Bohnen, geschnitten, blanchiert
1 Tasse Sojabohnensprossen, blanchiert
100 g Spinat, blanchiert
¼ kleiner Kohl, gehackt und blanchiert
1 mittlere Karotte, dünne Scheiben, blanchiert
4 Quadrate harter Tofu, fritiert, in Scheiben
4 hartgekochte Eier, in Scheiben geschnitten
2 EL gebratene Schalotten

Erdnußsoße:

500 g fritierte Erdnüsse
4 Knoblauchzehen, geschält
10 Vogelaugenchilies, in Scheiben geschnitten
8 cm *kencur*, geschält und gehackt
3 Kaffirlimonenblätter
½ Tasse süße Sojasoße
2 TL Salz
1,5 Liter (6 Tassen) Wasser
3 EL gebratene Schalotten
1 EL Limonensaft

Mahlen Sie für die **Soße** die ersten 4 Zutaten zu grober Konsistenz. Mit allen anderen Zutaten – außer Schalotten und Limonensaft – in die Pfanne geben. Bei niedriger Hitze 1 Stunde sieden lassen, dabei umrühren, um ein Ankleben zu verhindern. Limonensaft und Schalotten kurz vor dem Servieren einrühren.

Die Gemüsesorten auf einer Platte anordnen und die Soße darübergießen. Mit Tofu und Eiern garnieren, mit Schalotten besprenkeln und mit fritiertem *krupuk* servieren.

REMPEYEK KACANG ⌚⌚

200 g rohe Erdnüsse
150 g Reismehl
100 g einfaches Mehl
1 Tasse Kokosmilch
Öl fürs Fritieren

Gewürzpaste:

1 TL Koriander
2 Kerzennüsse
2 Knoblauchzehen
1 cm frische Kurkuma, geschält und in Scheiben geschnitten
5 Kaffirlimonenblätter, zerkleinert (wahlweise)
1 TL Salz

Braten Sie die Erdnüsse in einem Wok bei niedriger Hitze 5 Minuten lang. Die Häute durch Reiben entfernen und beiseite stellen. Die Zutaten der **Gewürzpaste** mahlen, dann die beiden Mehlsorten beigeben. Gut vermischen und die Kokosmilch einrühren. Nun kommen die Erdnüsse hinzu.

Viel Öl in einem Wok erhitzen, den Ausbackteig eßlöffelweise hineingeben und goldbraun backen. Vor der Aufbewahrung gründlich abkühlen lassen.

MARTABAK

Indischer Pfannkuchen

Diese indisch-moslemische Spezialität, besonders am Abend beliebt, wird von Eßständen oft als Zwischenmahlzeit angeboten. Folgendes Rezept reicht für 4 Martabak aus. ⌚⌚

2 EL Öl
4 Knoblauchzehen, geschält und geschnitten
300 g Rinderhack
200 g gehacktes Lamm
1 mittlere Zwiebel, halbiert und geschnitten
1 kleiner Lauch, der Länge nach halbiert und in Scheiben geschnitten
1 rote Chili, entkernt und geschnitten
2 EL gehackte Blätter des chinesischen Sellerie
1 EL Currypulver
4 Eier
1 Frühlingszwiebel, in feine Scheiben geschnitten
Salz und Pfeffer nach Geschmack

Teig:

2 Tassen einfaches Mehl
3 EL Öl
$^3/_4$ Tasse Wasser
Eine Prise Salz

Bereiten Sie zuerst den **Teig** zu, indem Sie alle Zutaten kombinieren und zu einem öligen, elastischen Teig kneten. Bedecken und bei Zimmertemperatur 2 Stunden stehen lassen. In 4 Teile trennen und jeweils zu einer Kugel rollen. Mit leicht öligen Händen auf einer geölten oder marmorierten Oberfläche zu großen dünnen Kreisen ausziehen.

Während der Teig ruht, wird die Füllung zubereitet. Öl erhitzen und den Knoblauch einige Sekunden lang sautieren. Das Hackfleisch beigeben und bei hoher Hitze sautieren, bis es seine Farbe ändert. Nun kommen Zwiebel, Lauch, Chili und Sellerieblätter hinzu; weitere 2 Minuten sautieren. Currypulver hinzufügen, gut mischen und 3 Minuten garen. Zum Abkühlen beiseite stellen.

Die Füllung auf 4 Schalen aufteilen. 1 Ei, etwas Frühlingszwiebel, Salz und Pfeffer in jede Schale geben und gut vermischen. Eine schwere Pfanne erhitzen. Das Zentrum jedes Teigkreises mit Füllung versehen, die Seiten und Enden einfalten, um die Füllung wie in einem Umschlag einzuschließen.

Auf einer Seite goldbraun braten, dann auf der anderen. In Stücke schneiden und nach Belieben mit Gemüsepickles und Chilischeiben servieren.

DAGING BELACANG

Rindfleischsuppe mit Chilies und Tamarinde

Diese Suppe aus Timor in Ostindonesien eignet sich hervorragend für zähe Rinderstücke und hat einen süßsauren Geschmack. ⌚⌚

1 kg Oberschale (Rind), in einem Stück
2 Liter (8 Tassen) Wasser
5 Schalotten, geschält und in Scheiben geschnitten
1 Knoblauchzehe, geschält und in Scheiben geschnitten
½ TL getrocknete Garnelenpaste (*trasi*), geröstet
¾ EL gehackter Palmzucker
3 EL Öl
1 TL süße Sojasoße
1 EL Tamarindensaft
Salz nach Geschmack
2 rote Chilies, entkernt und in feinen Streifen
2 Frühlingszwiebeln, in Stücken von 2,5 cm Länge

Lassen Sie das Fleisch sieden, bis es halb gar ist, und schneiden Sie es in 2 cm große Würfel. Die Brühe aufbewahren. Das Rind in 2 Eßlöffel Öl sautieren und dann beiseite stellen.

Schalotten, Knoblauch, Garnelenpaste und Palmzucker mahlen und dann in 1 Eßlöffel Öl sautieren, bis die Mischung duftet. Das gebratene Fleisch und süße Sojasoße hinzufügen und einige Minuten lang sautieren. Rinderbrühe, Tamarindensaft und Salz beigeben und sieden lassen, bis das Rind zart ist. Mit Chilies und Frühlingszwiebeln garnieren.

SOTO BANJAR

Hühnersuppe mit Eiern

Soto Banjar ist ein Suppengericht, das durch Nudeln, *lontong* (Reiskuchen) oder Kartoffelkroketten (*pergedel*) Substanz erhält. Die Kroketten können auch durch eine Kartoffelchips-Garnitur ersetzt werden. Die meisten *Soto*-Gerichte stammen aus Java, doch diese Version kommt aus Kalimantan. ⌚⌚⌚

1 Huhn mit einem Gewicht von ca. 1,5 kg
3 Liter (12 Tassen) Wasser
1 EL Öl
5 Schalotten, geschält und geschnitten
5 Knoblauchzehen, geschält und geschnitten
10 Vogelaugenchilies, in Scheiben geschnitten
3 Kaffirlimonenblätter
2 Zweige chinesischer Sellerie, geschnitten
Salz und Pfeffer nach Geschmack
5 hartgekochte Eier, geviertelt
2 EL zerschnittenes chinesisches Sellerieblatt
Gebratene Schalotten als Garnitur

***Kartoffelkroketten*:**

2 mittlere Kartoffeln, gekocht und zerdrückt
2 EL gebratene Schalotten
$^{1}/_{4}$ TL weißes Pfefferpulver
1 Frühlingszwiebel, in feinen Scheiben
$^{1}/_{2}$ TL Salz
Ein wenig frisch geraspelte Muskatnuß
1 EL gehacktes chinesisches Sellerieblatt
1 geschlagenes Ei
Öl fürs Fritieren

Sieden Sie das Huhn in Wasser, bis es zart ist. In der Brühe abkühlen lassen, dann herausnehmen und die Brühe aufheben. Das Hühnerfleisch von den Knochen ablösen und fein zerkleinern.

Während das Huhn simmert, werden die **Kartoffelkroketten** zubereitet, indem der Kartoffelbrei mit allen anderen Zutaten außer dem Öl und dem Ei kombiniert wird. Zu flachen Kroketten formen und im Kühlschrank kühlen. Das Öl fürs Fritieren erhitzen. Jede Krokette in Ei tauchen und goldbraun fritieren. Beiseite stellen.

Öl in Suppentopf erhitzen und Schalotten, Knoblauch und Chilies bei niedriger Hitze 5 Minuten lang sautieren. 2 Liter (8 Tassen) der Hühnerbrühe, Limonenblätter und Selleriezweige hinzugeben. Zum Kochen bringen und 15 Minuten sieden lassen. Mit Salz und Pfeffer würzen.

Zum Servieren die *Soto* in einzelne Suppenschalen gießen. Etwas zerkleinertes Huhn und Ei beifügen, Kartoffelkroketten obendraufsetzen und mit gehacktem Sellerieblatt sowie Schalotten garnieren. Eventuell mit *Sambal Soto* servieren (S. 45).

Hilfreicher Hinweis: Brühe und Kroketten können lange im voraus zubereitet und vor dem Servieren aufgewärmt werden.

KONRO MAKASAR

Würzige Spare-Rib-Suppe

Die Makassaresen von Südsulawesi sind für ihre herzhaften Rindfleischsuppen berühmt. ◷◷◷

- **1 kg Rinderrippchen, in jeweils 5 cm Länge geschnitten**
- **4 Liter (16 Tassen) Wasser**
- **4 Schalotten, geschält und geschnitten**
- **2 Knoblauchzehen, geschält und geschnitten**
- **3 Kerzennüsse**
- **3 Tassen frisch geraspelte oder getrocknete Kokosnuß, goldbraun gebraten und dann zerstoßen**
- **5 Stiele Zitronengras, zerstoßen und gebunden**
- **$2\frac{1}{2}$ cm Galangawurzel (*Laos*), geschält und in Scheiben geschnitten**
- **3 Kaffirlimonenblätter**
- **$\frac{1}{2}$ TL weiße Pfefferkörner, zerstoßen**
- **1 TL Salz**
- **1 EL gebratene Schalotten**
- **2 EL zerschnittene chinesische Sellerieblätter**

Legen Sie die Rinderrippchen in eine große Pfanne mit Wasser. Unbedeckt sieden lassen, bis das Rindfleisch zart ist.

Schalotten, Knoblauch und Kerzennüsse mahlen und der zerstoßenen Kokosnuß beifügen. Zusammen mit allen anderen Zutaten außer den gebratenen Schalotten und den Sellerieblättern in die Brühe geben. Sieden lassen, bis das Fleisch sehr zart ist, jedoch nicht von den Knochen fällt. Mit gebratenen Schalotten und Sellerie garniert servieren.

SOP KEPALA IKAN

Fischkopfsuppe

Dieses Gericht kann entweder mit einem großen Fischkopf oder einigen kleineren Exemplaren zubereitet werden. Der Kopf enthält nicht viel Fleisch, und hat mehr die Aufgabe, der Suppe Geschmack zu verleihen als eine substantielle Mahlzeit zu bieten. Diese Version aus Westsumatra wird mit Reis und anderen Gerichten gegessen. ⌚⌚

4 Tassen Wasser
1 TL Salz
3 Stiele Zitronengras, zerstoßen
5 Kaffirlimonenblätter
500 g Schnappbarschköpfe, gut gesäubert und gewaschen
1 EL gebratene Schalotten

Gewürzpaste:

7 rote Chilies, entkernt und geschnitten
6 Schalotten, geschält und gehackt
3 Knoblauchzehen, geschält und gehackt
5 cm Ingwer, geschält und gehackt
4 cm frische Kurkuma, geschält und in Scheiben geschnitten
1 EL Öl

Bereiten Sie die **Gewürzpaste** zu, indem Sie alle Zutaten außer dem Öl mahlen und in Öl 2-3 Minuten lang sautieren. Wasser, Salz, Zitronengras und Limonenblätter hinzufügen und zum Kochen bringen. Den Fischkopf hineinlegen, wieder kochen und dann unbedeckt sieden lassen, bis der Fischkopf gar ist. Garniert mit gebratenen Schalotten servieren.

NASI KUNING & NASI JAGUNG

Gelber Reis & Maisreis

NASI KUNING

Mit Kurkuma gefärbter und zu einem Kegel geformter Reis wird oft bei festlichen Anlässen aufgetischt. Die Form erinnert an den mythischen Hindu-Berg Meru, während Gelb die Farbe des Königstums und eine der vier heiligen Farben der balinesischen Hindus ist. ⌚

Rechts: *Nasi Kuning. Abbildung von Nasi Jagung zusammen mit Hagape Daging auf Seite 108.*

$1^1/_2$ Tassen Langkornreis, gründlich gewaschen
5 cm frische Kurkuma, geschält und abgekratzt
$1^1/_2$ Tassen Kokosmilch
$^1/_2$ Tasse Hühnerbrühe
1 *Salam*-Blatt
1 Pandanusblatt, verknotet
1 Stiel Zitronengras, zerstoßen
2 cm Galangawurzel (*Laos*), geschält, in Scheiben geschnitten
2 TL Salz

Lassen Sie den Reis in einem Sieb abtropfen. Die Kurkuma mit $^1/_4$ Tasse Wasser in einem Mixer feinmahlen. Durchsieben, um allen Saft zu extrahieren. 2 EL davon aufbewahren. Falls frische Kurkuma nicht zur Verfügung steht, 2 TL Kurkumapulver mit 2 EL Wasser mischen.

Reis, Kurkumawasser und alle anderen Zutaten in einen schweren Topf geben. Bedeckt bei mittlerer Hitze zum Kochen bringen. Umrühren, die Hitze auf ein Minimum verringern und den Reis garkochen. Alle Blätter und Galangawurzel vor dem Servieren entfernen und den Reis – falls erwünscht – zu einem Kegel formen.

Nützlicher Hinweis: Wenn der Reis zu trocken ist, bevor die Körner aufquellen, mit etwas heißer Hühnerbrühe versehen und weiterkochen lassen.

NASI JAGUNG

Mais wird oft verwendet, um den Reis in jenen Regionen anzureichern, wo Reis Mangelware oder teuer ist. Getrockneter Mais muß 24 Stunden lang vor der Verwendung eingeweicht werden. Dies ist bei frischem Mais oder jenem aus der Dose natürlich nicht nötig. ⌚

$1^1/_2$ Tassen Reis, gründlich gewaschen
$1^1/_2$ Tassen Mais, vom Maiskolben geschnitten oder aus der Dose

Bringen Sie Reis und rohen Mais in einem Topf mit $3^1/_2$ Tassen Wasser zum Kochen (Mais oder Dose noch nicht beigeben). Reis und Mais sieden lassen, bis das Wasser absorbiert worden ist. Mais aus der Dose zu diesem Zeitpunkt hinzufügen. Die Hitze auf ein Minimum reduzieren und Reis und Mais weitere 10 Minuten kochen lassen, bis der Reis trocken und flockig ist.

NASI GORENG

Gebratener Reis

Nasi Goreng, eines der bekanntesten Gerichte Indonesiens und im ganzen Archipel zu finden, wird auf zahllose Arten zubereitet, was von der Verfügbarkeit der Zutaten und der Vorliebe des Kochs abhängt. Nachstehend eine Basisversion, die mit gebratenem Ei und Huhn, Saté und Garnelenchips (*krupuk*) eine vollständige Mahlzeit ergibt. Soll der gebratene Reis ohne Nebengerichte serviert werden, können Sie Hühner-, Schweinefleisch- oder Garnelenstücke und etwas zerstückelten Kohl dem Reis während der Zubereitung hinzufügen. ⌚

4 Tassen kalter, gekochter Reis
2 EL Öl
1 Ei, leicht geschlagen
5 Schalotten, geschält und geschnitten
2 Knoblauchzehen, geschält und geschnitten
3 rote Chilies, in Scheiben geschnitten
1 TL getrocknete Garnelenpaste (*trasi*)
½ TL Salz
1 EL süße Sojasoße
Gurken- und Tomatenscheiben als Garnitur

Lockern Sie den Reis mit einer Gabel auf. Eine kunststoffbeschichtete Pfanne leicht mit einigen Tropfen Öl einfetten und das Ei zu einer dünnen Omelette braten. Abkühlen lassen und zerkleinern.

Das verbleibende Öl in einem Wok erhitzen und Schalotten, Knoblauch, Chilies und Garnelenpaste braten, bis sie weich sind (Zutaten wie Huhn und Garnelen nun hinzugeben und rühren, bis sie gar sind.)

Auf größte Hitze schalten und Reis, Salz und Sojasoße beigeben. Dabei ständig umrühren, bis alles gut durchgemischt und heiß ist. Mit einer Garnitur aus Omelettestreifen, Gurken- und Tomatenscheiben servieren. Falls erwünscht, mit gebratenem Ei, gebratenem Huhn, Saté und *krupuk* auftischen.

Nützliche Hinweise: Es ist wichtig, kalten Reis zu verwenden, sonst sind die Reiskörner zu weich und absorbieren das Öl. In Asien wird Reis bevorzugt, der über Nacht stand, da er sehr trocken ist.

NASI KEBULI

Hühnerreis mit Ananas

Indisch-moslemische Einflüsse und solche aus dem Mittleren Osten kommen bei diesem Reisgericht aus Nordsumatra zur Geltung.

2 EL Butter oder Öl
500 g Huhn ohne Knochen, in Würfel von 1 cm geschnitten
3 Tassen Hühnerbrühe
1 TL Salz
2 Tassen Langkornreis, gewaschen
$^{1}/_{2}$ kleine Ananas, geschält und in kleine Stücke geschnitten

Gewürze:

13 Schalotten, geschält und feingehackt
7 Knoblauchzehen, geschält und feingehackt
2,5 cm Ingwer, geschält und gehackt
1 TL Koriander
$^{1}/_{2}$ TL weiße Pfefferkörner
$^{1}/_{2}$ TL Kreuzkümmel
Ein wenig frisch geraspelte Muskatnuß
8 cm Zimtstengel
4 Kardamomhülsen, zerstoßen
2 Gewürznelken
1 Stiel Zitronengras, zerstoßen

Sie erhitzen Butter oder Öl in einem Wok oder schweren Topf, geben alle **Gewürz**-Zutaten hinein und sautieren das Ganze 2-3 Minuten lang. Das Huhn hinzufügen und weitere 3 Minuten bei großer Hitze sautieren.

Hühnerbrühe und Salz beigeben und sieden lassen, bis das Huhn zart ist. Die Brühe abgießen und die Hühnerstücke beiseite stellen. Den Reis in einen Reiskocher oder einen Topf geben, $2^{1}/_{2}$ Tassen der Hühnerbrühe hineingießen und zum Kochen bringen. Den Topf bedecken und sieden lassen, bis der Reis fast gar und die Flüssigkeit absorbiert ist. Das gewürfelte Huhn beigeben und bei niedriger Hitze weiterkochen lassen, bis der Reis völlig gar ist.

Auf einer Platte mit gebratenen Schalotten und Ananasstücken servieren.

GULAI TEMPE & SAMBAL GORENG TEMPE

Tempe-Eintopf & scharfes, gebratenes Tempe

GULAI TEMPE

Ein sumatranisches Gericht, das proteinreiches *tempe* verwendet und ungewöhnlich (für Sumatra) ist, weil es ohne Chilies auskommt. Jedes grüne Blattgemüse, etwa Spinat oder Wasserwinde (*kangkung*), kann die Tapiokablätter ersetzen.

2 Tassen Kokosmilch
2 ganze Gewürznelken
4 fermentierte Sojabohnenkuchen (*tempe*), in Würfel geschnitten
1 Büschel (etwa 250 g) Tapiokablätter oder Ersatzgemüse
Salz nach Geschmack
Gebratene Schalotten als Garnitur

Rechts: *Gulai Tempe (links) und Sambal Goreng Tempe (rechts).*

***Gewürzpaste*:**

4 Zehen Knoblauch, geschält und geschnitten
1 TL weiße Pfefferkörner, zerstoßen
2,5 cm Ingwer, geschält und geschnitten
4 cm frische Kurkuma, geschält, geschnitten
1 EL gehackter Palmzucker

Sie bereiten die **Gewürzpaste** zu, indem Sie alle Zutaten mixen oder mahlen. Kokosmilch zum Kochen bringen, dann Gewürzpaste, Nelken, *tempe* und Tapioka-Blätter hinzufügen. Unbedeckt sieden lassen, bis sie zart sind und sich die Soße verdickt hat. Mit Salz abschmecken und mit gebratenen Schalotten garnieren.

SAMBAL GORENG TEMPE

Süß durch Palmzucker und schmackhaft durch Chilies: Eine javanische Spezialität, die mit Reis und anderen Gerichten serviert wird.

2 fermentierte Sojabohnenkuchen (*tempe*), in lange schmale Streifen geschnitten u. fritiert
1 EL Öl
2 Schalotten, geschält, in Scheiben geschnitten
3 Knoblauchzehen, in Scheiben geschnitten
2 rote Chilies, in Scheiben geschnitten
2,5 cm Galangawurzel, geschält, in Scheiben
$^1/_2$ TL getrocknete Garnelenpaste (*trasi*)
5 EL gehackter Palmzucker
3 EL Wasser
1 EL Tamarindensaft
Salz nach Geschmack
8 Vogelaugenchilies, gehackt

Sie bereiten das *tempe* vor und stellen es dann beiseite. Das Öl erhitzen und Schalotten, Knoblauch, Chilies, Galangawurzel und Garnelenpaste 2-3 Minuten sautieren. Palmzucker, Wasser und Tamarindensaft hinzufügen und umrühren, bis sich der Zukker aufgelöst hat. Das *tempe* beigeben und garen, dabei häufig umrühren, bis sich die Soße verringert und eine hellbraune Farbe angenommen hat. Mit Salz abschmecken und die Vogelaugenchilies kurz vor dem Servieren einrühren.

GULAI RAMPON & PELECING KANGKUNG

Gemüse in Kokosmilch & Wasserwinde mit würziger Kokossoße

Rechts: *Gulai Rampon (oben) und Pelecing Kangkung (unten).*

GULAI RAMPON ⌚⌚

Jeweils 75 g Tapiokablätter, Süßkartoffelblätter, Spinat und *Melinjo*-Blätter
50 g grüne Bohnen, gehackt
1 frischer oder tiefgefrorener Maiskolben, in dicke Scheiben geschnitten
Kleine Garnelen, geschält und gesäubert
$^1/_2$ Tasse frische *Melinjo*-Nüsse oder $^1/_2$ Tasse leicht gekochte Erdnüsse
2 Tassen Kokosmilch
Salz nach Geschmack

***Gewürzpaste*:**

3 Schalotten, geschält, in Scheiben geschnitten
3 grüne Chilies, entkernt und geschnitten
4 Vogelaugenchilies, in Scheiben geschnitten
4-6 saure Carambola-Früchte (*belimbing wuluh*) oder 2 EL Tamarindensaft
1 mittelgroße Tomate, gehäutet und in Scheiben geschnitten
$^1/_2$ TL Salz

Sie mahlen oder mixen alle **Gewürzpaste**-Zutaten zu einer groben Paste. Die Kokosmilch zum Kochen bringen, umrühren, dann Gewürzpaste hinzufügen und unbedeckt 2 Minuten sieden lassen. Die verschiedenen Gemüse, Garnelen und Nüsse beigeben und unbedeckt sieden lassen, bis das Gemüse zart ist und sich die Soße verdickt hat. Salzen und mit Reis sowie anderen Gerichten servieren.

PELECING KANGKUNG ⌚⌚

500 g Wasserwinde, gedünstet
1 Tomate, über einem Grill geschwärzt und enthäutet
6 Vogelaugenchilies, in Scheiben geschnitten
$^1/_2$ TL getrocknete Garnelenpaste, geröstet
1 TL Salz
1 TL Limonensaft
2 EL warmes Wasser
1 Tasse frisch geraspelte Kokosnuß
1 Knoblauchzehe
1 Kaffirlimonenblatt, fein zerkleinert
1 TL gehackter Palmzucker
2 EL gebratene Erdnüsse

Sie schneiden das gedünstete Gemüse in 5 cm lange Teile. Tomate, Chilies, Garnelenpaste und Salz zusammen mahlen und dann mit Limonensaft und Wasser vermischen. Beiseite stellen.

Kokosnuß, Knoblauch, Limonenblatt und Palmzucker zusammen feinmahlen. Kurz vor dem Servieren das Gemüse mit der Tomate-und Limonensaft-Mixtur anmachen und auf einen Teller legen. Mit der geraspelten Kokosnußmixtur bestreuen und mit Erdnüssen garnieren.

PACRI NENAS & JANGAN OLAH

Gewürzter Ananas-Eintopf & Gemüse mit würziger Kokosnuß

Rechts: *Pacri Nanas (oben) und Jangan Olah (unten).*

PACRI NENAS ⌚⌚

3½ Tassen Kokosmilch
1 gerade reife Ananas, geschält und gewürfelt
¼ TL schwarze Pfefferkörner
2 ganze Sternanise
8 cm Zimtstengel
2 Gewürznelken
Ein wenig frisch geraspelte Muskatnuß
1 Zweig Zitronengras, zerstoßen
2,5 cm Galangawurzel, geschält und in Scheiben geschnitten
1 TL Tamarindensaft
Salz nach Geschmack
½ Tasse dicke Kokosmilch
Gebratene Schalotten als Garnitur

Gewürzpaste:

5 getrocknete rote Chilies, eingeweicht
1 TL Koriandersamen, zerstoßen
2 Knoblauchzehen, geschält und gehackt
6 Schalotten, geschält und gehackt
2 Kerzennüsse
1 cm frische Kurkuma, geschält, in Scheiben
½ TL gehackter Palmzucker
2 EL Öl

Mahlen Sie die **Gewürzpaste**. Öl erhitzen und sautieren, bis es duftet, dann 3½ Tassen Kokosmilch beifügen. Unter Umrühren zum Kochen bringen, dann alle anderen Zutaten außer dicker Kokosmilch und Schalotten hinzufügen. Sieden lassen, bis die Ananas zart ist. Dicke Kokosmilch beigeben und heiß werden lassen. Mit den Schalotten garnieren.

JANGAN OLAH ⌚⌚

100 g grüne Bohnen
100 g junge Farnspitzen oder Spinat
1 Tasse Sojabohnensprossen, blanchiert
Gebratene Schalotten als Garnitur

Soße:

7 Vogelaugenchilies, in Scheiben geschnitten
8 rote Chilies, entkernt und in Scheiben
1 EL getrocknete Garnelenpaste (*trasi*), geröstet
4 Knoblauchzehen, geschält und in Scheiben
4 Schalotten, geschält und in Scheiben
2,5 cm frische Kurkuma, geschält, in Scheiben
1 EL gehackter Palmzucker
3 Tassen geraspelte oder getrocknete Kokosnuß
1 Liter (4 Tassen) Wasser
3 *Salam*-Blätter
Salz nach Geschmack

Bereiten Sie die **Soße** zu, indem Sie die ersten 7 Zutaten mahlen. Mit den restlichen Zutaten sieden lassen, bis sich die Soße verdickt. Auf Zimmertemperatur abkühlen lassen. Bohnen und Farnspitzen oder Spinat hacken und dann leicht garen oder dünsten. Wasser gründlich abgießen und Gemüse auf einem Teller arrangieren. Sojabohnensprossen hinzufügen. Gemüse mit Soße übergießen und mit gebratenen Schalotten servieren.

ASAM-ASAM TERONG & GULAI DAUN PAKIS

Auberginen-Eintopf & Farnspitzen in Kokosmilch

ASAM-ASAM TERONG

Ein schnell zubereitetes Gemüsegericht, das den eher faden Auberginen Geschmack verleiht. In Indonesien ist die am meisten verbreitete Auberginenart lang und dünn (etwa 15-20 cm). Sie sind nicht bitter wie ihre großen europäischen Gegenstücke und müssen nicht gesalzen werden. ⌚⌚

Rechts: *Gulai Daun Pakis (oben) und Asam-Asam Terong (unten).*

2 Tassen Wasser
4 rote Chilies, entkernt und in Scheiben
3 Schalotten, geschält und in Scheiben
2 Knoblauchzehen, geschält und in Scheiben
600 g Auberginen, längs halbiert (oder bei der europäischen Sorte in Scheiben)
1 mittelgroße Tomate, in Scheiben geschnitten
$^1/_2$ TL gehackter Palmzucker
Salz

Garnitur:

Gebratene Schalotten
3 Zweige chinesische Sellerieblätter, gehackt
Frühlingszwiebeln, in Scheiben geschnitten

Lassen Sie Wasser, Chilies, Schalotten und Knoblauch unbedeckt 5 Minuten sieden. Die Auberginen beigeben und weitersieden lassen, bis sie halb gar sind. Dann Tomate und Zucker hinzufügen und sieden lassen, bis das Gemüse weich ist. Mit Salz abschmecken und mit gebratenen Schalotten, Sellerie sowie Frühlingszwiebeln garnieren.

GULAI DAUN PAKIS

Die jungen Spitzen verschiedener Arten junger Farne sind in vielen Teilen Indonesiens beliebt. Man findet sie oft auf Märkten in ganz Südostasien, und sie haben einen hervorragenden Geschmack. Stehen Farnspitzen nicht zur Verfügung, eignen sich Spinat oder frischer Spargel als Ersatz. ⌚⌚

3 Tassen Kokosmilch
500 g Farnspitzen, gesäubert
2 Kurkumablätter (wahlweise)
1 EL Tamarindensaft
Salz nach Geschmack

Gewürzpaste:

3 Schalotten, geschält und in Scheiben
2 Knoblauchzehen, geschält und in Scheiben
10 rote Chilies, entkernt und in Scheiben
2,5 cm Galangawurzel, geschält, in Scheiben
2,5 cm frische Kurkuma, geschält, in Scheiben
2,5 cm Ingwer, geschält und in Scheiben

Sie bereiten die **Gewürzpaste** zu, indem Sie alle Zutaten zusammen mahlen. Die Paste mit der Kokosmilch in einen Topf geben und unter Umrühren zum Kochen bringen. Eine Minute sieden lassen, dann die Farnspitzen, Kurkumablätter und den Tamarindensaft beigeben. Unter häufigem Umrühren sieden lassen, bis die Farnspitzen zart sind. Mit Salz abschmecken.

SAMBAL UDANG

Garnelen in scharfer Soße

Der charakteristische und etwas bittere Geschmack der *Petai*-Bohnen bietet einen hervorragenden Kontrast zu den Garnelen dieses würzig-scharfen Gerichts. Selbst wenn keine *petai* erhältlich sind, schmecken die Garnelen mit den Kartoffeln und der üppigen Soße ausgezeichnet. ⌚⌚

500 g Garnelen
5 *Petai*-Hülsen (etwa 20 Bohnen), wahlweise
2 Tassen Kokosmilch
4 Kartoffeln, geschält, in Stücke geschnitten
1 EL Tamarindensaft
1 TL Salz

***Gewürzpaste*:**

5 Schalotten
2 Knoblauchzehen
5 rote Chilies, in Scheiben geschnitten
½ TL getrocknete Garnelenpaste
2 EL Öl

Sie schälen die Garnelen und entfernen die Eingeweidefäden. Die Hülsen öffnen und die Bohnen herausnehmen.

Die **Gewürzpaste** zubereiten, indem Sie alle Zutaten außer dem Öl mahlen. Öl erhitzen und die Paste sautieren, bis sie duftet.

Die Garnelen beigeben und sautieren, bis sich ihre Farbe ändert. Bohnen und Kokosmilch hinzufügen und unter Umrühren zum Kochen bringen. Kartoffeln und Tamarindensaft beigeben und unbedeckt sieden lassen, bis Kartoffeln und Garnelen gar sind und sich die Soße verdickt hat. Mit Salz abschmecken und servieren.

UDANG PANTUNG KUNING

Hummer in gelber Soße

Ein Gourmetgericht aus Bali, das sich auch mit Riesengarnelen zubereiten läßt. Auf Bali werden Kokosstücke direkt über Holzkohle geröstet, woraufhin man die verbrannten Flächen abkratzt und das Fruchtfleisch raspelt, aus dem Kokosmilch gewonnen wird.

4 kleine Hummer von je etwa 500 g oder 1 kg große Garnelen
5 Tassen Wasser
2 Zweige Zitronengras, zerstoßen
2 duftende Limonenblätter
Ein paar Tropfen weißer Essig
4 Tassen Kokosmilch
Gebratene Schalotten als Garnitur

***Gewürzpaste*:**

5 rote Chilies, entkernt und gehackt
3 Knoblauchzehen, geschält und gehackt
7 Schalotten, geschält und gehackt
5 cm frische Kurkuma, geschält und gehackt
5 cm Ingwer, geschält und gehackt
5 Kerzennüsse
$1^{1}/_{2}$ TL Koriander
$^{1}/_{2}$ TL getrocknete Garnelenpaste (*trasi*), geröstet
1 kleine Tomate, geschält und entkernt
2 EL ÖL
$1^{1}/_{2}$ EL Tamarindenfruchtfleisch
1 *Salam-Blatt*
1 Stiel Zitronengras, zerstoßen

Sie bereiten die **Gewürzpaste** zu, indem Sie alle Zutaten außer Öl, Tamarinde, *Salam*-Blatt und Zitronengras mahlen. Öl erhitzen, Gewürzpaste und alle anderen Zutaten hinzufügen. Bei mittlerer Hitze etwa 5 Minuten garen, dann abkühlen lassen.

Die Hummer waschen. Wasser zum Kochen bringen und darin die Hummer 15 Minuten sieden lassen. Dann die Hummer herausnehmen, 1 Minute in Eiswasser tauchen, das Wasser abgießen und das Hummerfleisch aus den Schalen enfernen. Die Schalen wieder in den Wassertopf legen und das Fleisch beiseite stellen.

Gewürzpaste, Zitronengras, Limonenblätter und Essig ins Wasser zu den Schalen geben und sieden lassen, bis 4 Tassen Brühe übriggeblieben sind. Kokosmilch beifügen und 10 Minuten sieden lassen. Brühe abgießen und in eine Pfanne geben. Den Hummer hineinlegen und 1 Minute sieden lassen. Mit gebratenen Schalotten garnieren und mit weißem Reis servieren.

***Nützliche Hinweise*:** Werden Garnelen statt Hummer verwendet, die rohen Garnelen schälen und die Schalen in 4 Tassen Wasser legen. 5 Minuten sieden lassen, dann diese Brühe mit Kokosmilch, Garnelen sowie allen anderen Zutaten kombinieren und sieden lassen, bis sie gar sind.

OTAK OTAK & OTAK OTAK PIPIH

Gegrillter Fisch im Bananenblatt & gebratene Fischkuchen

Rechts: *Gegrillter Otak Otak (oben) und fritierter Otak Otak Pipih (rechts).*

OTAK OTAK

Dieses Rezept aus Kalimantan erfordert gedünstete Bündel aus gehacktem und gewürztem Fisch, der direkt auf Holzkohle gegrillt wird, was ihm einen unvergleichlichen Geschmack verleiht.

600 g grätenlose weiße Fischfilets (z.B. Schnappbarsch), enthäutet, gehackt
15 Schalotten, geschält und in Scheiben
3 Knoblauchzehen, geschält und in Scheiben
3 Frühlingszwiebeln, gehackt
1 TL weiße Pfefferkörner, zerstoßen
$\frac{1}{2}$ Tasse dicke Kokosmilch
1 EL Limonensaft
1 TL Salz
3 Eier
Bananenblattstücke, 12 cm x 12 cm zum Einwickeln (oder Aluminiumfolie)

Mahlen Sie den Fisch in einem Mixer ein paar Sekunden lang. Alle anderen Zutaten außer dem Bananenblatt hinzufügen und gut miteinander vermischen.

3 gehäufte EL Fisch in die Mitte eines jeden Bananenblattquadrats legen und wie auf Seite 31 unten beschrieben einwickeln. Die Bündel 15 Minuten lang dünsten, dann 5 Minuten direkt auf Holzkohle oder einen Grill legen und hin und wieder wenden, bis die Blätter gleichmäßig braun werden.

Im Bananenblatt servieren.

OTAK OTAK PIPIH

Diese javanischen Fischkuchen sind schmackhaft und haben den Vorteil, mehrere Stunden im voraus zubereitet werden zu können. Man muß sie dann vor dem Fritieren im Kühlschrank aufbewahren. Spanische Makrele, Schnappbarsch oder jeder andere weiße Fisch kann verwendet werden.

600 g grätenlose weiße Fischfilets, ohne Haut
1 TL Zucker
1 TL Salz
2 Eier
1 Tasse frisch geraspelte oder getrocknete Kokosnuß, golbraun gebraten
1 Tasse dicke Kokosmilch
Öl fürs Fritieren

Gewürzpaste:

3 Schalotten, geschält und gehackt
2 Knoblauchzehen, geschält und gehackt
2 Kerzennüsse, gehackt
1 cm Galangawurzel, geschält und gehackt
1 cm Ingwer, geschält und gehackt

Mahlen Sie die **Gewürzpaste**-Zutaten zu feiner Konsistenz. Den Fisch beigeben und feinmahlen, dann in eine große Schüssel legen und alle anderen Zutaten außer dem Öl einrühren. Die Mischung zu Kuchen formen und in heißem Öl fritieren, bis sie gar und goldbraun sind.

ARSIN IKAN MAS

Gekochter Flußfisch

Es überrascht nicht, daß dieses Süßwasserfisch-Gericht aus Sumatra stammt, wo es reichlich Seen und Flüsse gibt. ⌚⌚

750 g Süßwasserfisch, entweder 1 großer Fisch oder 2-4 kleinere Fische, gesäubert und ausgenommen
1/2 TL Salz
Eine großzügige Prise weißes Pfefferpulver
2 Tassen Wasser
2 Stiele Zitronengras, zerstoßen
2 EL Tamarindensaft

Gewürzpaste:

8 Schalotten, geschält und gehackt
3 Knoblauchzehen, geschält und gehackt
1/2 TL Salz
6 Kerzennüsse
2,5 cm Ingwer, geschält und in Scheiben
2,5 cm frische Kurkuma, geschält, in Scheiben
2,5 cm Galangawurzel, geschält, in Scheiben
15 rote Chilies, entkernt und in Scheiben

Garnitur:

3 Frühlingszwiebeln, gehackt
1/2 kleine Ananas, geschält und in Scheiben
2 frische Limonen oder Zitronen, in Scheiben

Würzen Sie den Fisch innen und außen mit Salz und Pfeffer. Die **Gewürzpaste** zubereiten, indem Sie alle Zutaten feinmahlen. In eine Pfanne mit dem Wasser und allen anderen Zutaten außer dem Fisch geben. Zum Kochen bringen, die Hitze reduzieren und unbedeckt 10 Minuten sieden lassen. Etwas Wasser zugießen, falls zuviel Brühe verdunstet.

Den Fisch beigeben und weitersieden lassen, bis er gar ist; dabei den Fisch hin und wieder sanft wenden. Ihn vorsichtig aus der Brühe heben, auf eine Platte legen und mit Brühe übergießen. Mit Frühlingszwiebel, Ananas und Limone garnieren.

IKAN BUMBU ACAR

Würzige, gebratene Sardinen

Kleine frische Fische wie Sardinen werden für dieses typische Meeresfrüchtegericht verwendet, das aus den Fischerdörfern bei Pekalongan an der Nordküste Zentraljavas stammt. ⌚⌚

600 g Sardinen oder andere kleine Fische, gesäubert
2 TL Salz
6 EL Öl
2 rote Chilies, entkernt und in Scheiben
13 grüne Vogelaugenchilies, in Scheiben
2 Knoblauchzehen, geschält und in Scheiben
7 Schalotten, geschält und in Scheiben
1 cm Ingwer, geschält und in Scheiben
1 cm Galangawurzel, geschält und in Scheiben
1 große Tomate, in Scheiben
2 EL Tamarindensaft
1 *Salam*-Blatt
½ TL brauner Zucker
3 EL Wasser
Basilikumstiele als Garnitur (wahlweise)

Gewürzpaste:

2,5 cm frische Kurkuma, geschält und gehackt
1 cm Ingwer, geschält und gehackt
2 Kerzennüsse
2 Schalotten, geschält und in Scheiben
2 Knoblauchzehen, geschält und gehackt
1 TL weiße Pfefferkörner, zerstoßen
½ TL Koriander, zerstoßen
2 EL Pflanzenöl

Sie bereiten die **Gewürzpaste** zu, indem Sie alle Zutaten außer dem Öl mahlen. Öl erhitzen und die Gewürzpaste leicht 3-5 Minuten sautieren, bis sie duftet, dann beiseite stellen.

Die Sardinen waschen und mit Salz bestreuen. 3 EL Öl erhitzen und Chilies, Knoblauch, Schalotten, Ingwer, Galangawurzel, Tomate, Tamarindensaft und *Salam*-Blatt bei starker Hitze und unter ständigem Umrühren 1 Minute sautieren. Zucker und dann die Gewürzpaste hinzufügen und weitere 2 Minuten braten, dabei häufig umrühren.

In einer anderen Pfanne das restliche Öl erhitzen und den Fisch goldbraun braten. Das Öl abgießen, dann den Fisch mit der würzigen Soße in den Wok geben und Wasser hinzufügen. Eine weitere Minute garen, durch Umrühren gut vermischen und dann mit Basilikum garniert servieren.

IKAN BAKAR COLO-COLO

Gegrillter Fisch mit Tomaten-Sambal

Fisch, entweder einfach gegrillt oder im Bananenblatt, erfreut sich auf Sulawesi und den Molukken großer Beliebtheit. Dieses Rezept von den Molukken ist sehr einfach, und der Geschmack stammt vom *Colo-Colo Sambal*. ⌚

1 ganzer Fisch, etwa 1 kg, gesäubert
$^{1}/_{4}$ TL Salz
1 EL Limonensaft
2 EL Öl
Ein großes Stück Bananenblatt oder Aluminiumfolie, um den Fisch einzuwickeln

Colo-Colo Sambal:

3 EL Limonen- oder Zitronensaft
2 Tomaten, halbiert und in Scheiben
5 rote Chilies, entkernt und in Scheiben
4 Schalotten, geschält und in Scheiben
4 EL leichte Sojasoße
4 Stiele Basilikum, gehackt

Sie würzen den Fisch mit Salz und Limonensaft und bepinseln ihn mit Öl. Den Fisch ins Bananenblatt wickeln und auf Holzkohlen oder einen Grill legen. Garen, bis die Bananenblätter gleichmäßig braun sind und der Fisch gar ist.

Für die Zubereitung von **Colo-Colo Sambal** alle Zutaten gut vermischen. Die Soße kann beim Servieren über den Fisch gegossen werden oder – wie es in Indonesien meist der Fall ist – in Soßenschälchen jedem Speisenden einzeln gereicht werden.

TELUR PETIS & GULAI TELUR

Eier in duftender Soße & Eier in Kokosmilch nach Padang-Art

***Rechte Seite**: Telur Petis (rechts) und Gulai Telur (links).*

TELUR PETIS

Enteneier werden meist für dieses Gericht bevorzugt, doch auch Hühnereier eignen sich. ⌚⌚

4 Tassen Kokosmilch
4 Vogelaugenchilies, zerstoßen
3 Stiele Zitronengras, zerstoßen
3 *Salam*-Blätter
1 EL schwarze Garnelenpaste (*petis*)
8 Enten- oder Hühnereier, hartgekocht
Salz nach Geschmack
Gebratene Schalotten als Garnitur

Gewürzpaste:

8 rote Chilies, entkernt und gehackt
6 Schalotten, geschält und gehackt
4 Knoblauchzehen, geschält und gehackt
1 cm frische Kurkuma, geschält, in Scheiben
1 cm Galangawurzel, geschält und in Scheiben
1/2 TL getrocknete Garnelenpaste (*trasi*)
2 EL Öl
1 TL brauner Zucker

Mahlen Sie die **Gewürzpaste**-Zutaten, außer Öl und Zucker, zu feiner Konsistenz. Öl erhitzen und Gewürzpaste 3-5 Minuten sautieren, bis sie duftet, dann Zucker beigeben und eine weitere Minute sautieren.

Nun kommen Kokosmilch, Chilies, Zitronengras, *Salam*-Blätter und schwarze Garnelenpaste und Salz hinzu. Langsam unter Umrühren zum Kochen bringen, dann Eier hinzugeben und sieden lassen, bis sich die Soße verdickt. Mit Salz abschmecken und mit gebratenen Schalotten servieren.

GULAI TELUR

Ein vollmundiges Gericht, oft bei westsumatranischen Mahlzeiten (Padang-Art) serviert. ⌚⌚

2 Tassen Kokosmilch
1/2 Kurkumablatt, zerkleinert (wahlweise)
8 hartgekochte Eier, ohne Schale
1 EL Tamarindensaft
Salz nach Geschmack
Gebratene Schalotten als Garnitur

Gewürzpaste:

5 Schalotten, geschält und in Scheiben
3 Knoblauchzehen
4 Vogelaugenchilies, gehackt
2,5 cm Ingwer, geschält und gehackt
1 cm frische Kurkuma, geschält, in Scheiben
2,5 cm Galangawurzel, geschält und gehackt

Sie mahlen die **Gewürzpaste**-Zutaten zu grober Konsistenz. Kokosmilch allmählich zum Kochen bringen; Gewürzpaste, Kurkumablatt und Eier hinzufügen. Sieden lassen, bis die Soße andickt, dann Tamarindensaft und Salz beigeben und 1 Minute sieden lasssen. Mit Schalotten garnieren.

AYAM TALIWANG

Huhn mit würziger Soße

Lomboks berühmtestes Huhngericht wird meist über einem Holzkohlenfeuer gegrillt und mit einer würzigen Kokosmilchsoße serviert. Dieses Rezept empfiehlt, das Huhn teilweise zu grillen und dann gar zu braten. Sie können es auch nur braten, was von Ihrer persönlichen Präferenz abhängt. ⌚

1 ganzes frisches Huhn
1 TL Salz
Öl fürs Fritieren

Soße:

4 rote Chilies, entkernt und in Scheiben
8 Vogelaugenchilies, entkernt und in Scheiben
4 Schalotten, geschält und in Scheiben
1 TL getrocknete Garnelenpaste (*trasi*), geröstet
1 TL gehackter Palmzucker
1 TL Salz
2 EL ÖL
4 Tassen Kokosmilch
1 EL Limonen- oder Zitronensaft

Sie bereiten die **Soße** zu, indem Sie alle Zutaten außer Öl, Kokosmilch und Limonensaft mixen oder mahlen. Öl in einer Pfanne erhitzen und die Paste 2-3 Minuten sautieren, dann Kokosmilch hinzufügen und unbedeckt sieden lassen, bis sich die Soße verdickt. Den Limonensaft beigeben und die Soße beiseitestellen. Die Soße kann auch im voraus zubereitet und vor dem Gebrauch wieder aufgewärmt werden.

Das Huhn den Rücken entlang aufschneiden und das Rückgrat entfernen. Mit den Händen drücken, um eine Schmetterlingsform zu bilden, und mit einem Spieß befestigen, damit es flach bleibt. Das Huhn kann auch in große Stücke geschnitten werden. Mit Salz bestreuen und über Holzkohlen halb gar grillen.

Viel Öl in einem Wok erhitzen und das Huhn goldbraun und knusprig braten. Mit der Soße servieren.

AYAM CINCANE

Huhn mit grünen Tomaten

Dieses Rezept stammt aus West- und Südkalimantan, wo es meist aus einem freilaufenden *Kampung*-Huhn (Dorf-Huhn) zubereitet wird. Da dies oft so zäh wie geschmackvoll ist, läßt man es zuerst in Wasser sieden. Verwenden Sie ein normales, zartes Huhn, ist dieser erste Schritt sehr kurz. ⌚⌚

1 frisches Huhn (1,2-1,5 kg), in 8-12 Stücke geschnitten
1 TL Salz
1 EL Limonen- oder Zitronensaft
10 rote Chilies, entkernt und in Scheiben
12 Schalotten, geschält und in Scheiben
4 grüne Tomaten, in Scheiben
1 Stiel Basilikum
3 Kaffirlimonenblätter
2 Frühlingszwiebeln, in Scheiben
1 cm Ingwer, geschält und in Scheiben
5 Vogelaugenchilies, in Scheiben

Sie würzen das Huhn mit Salz und Limonensaft und stellen es 20 Minuten lang beiseite. Das Huhn in einen Wok legen, zwei Tassen Wasser hinzufügen und unbedeckt sieden lassen, bis es zart ist. Alle restlichen Zutaten außer den Vogelaugenchilies beigeben und weitere 5 Minuten garen.

Mit Vogelaugenchilies bestreuen und servieren.

AYAM MASAK BUGIS

Bugis-Huhn

Eine Spezialität der Bugis von Südsulawesi: in gewürzter Brühe und Kokosmilch gesiedetes ganzes Huhn. ⌚⌚

1 (1,2-1,5 kg) ganzes Huhn
4 Tassen Hühnerbrühe
2 Knoblauchzehen, geschält und in Scheiben
12 Schalotten, geschält und in Scheiben
1 EL getrocknete Garnelenpaste (*trasi*), geröstet
2 EL Tamarindensaft
2 TL weiße Pfefferkörner, zerstoßen
2 *Salam*-Blätter
8 cm Zimtstengel
4 Gewürznelken
1/4 TL frisch geraspelte Muskatnuß
1 TL Salz
1 TL gehackter Palmzucker
1 EL weißer Essig
4 Tassen Kokosmilch
Gebratene Schalotten als Garnitur

Lassen Sie das Huhn ganz. Hühnerbrühe in einem schweren Topf zum Kochen bringen, dann alle anderen Zutaten außer dem Huhn, der Kokosmilch und den gebratenen Schalotten hineingeben. Wieder zum Kochen bringen, die Hitze verringern und unbedeckt 5 Minuten sieden lassen.

Huhn und Kokosnuß hinzufügen. Unter häufigem Umrühren wieder zum Kochen bringen und dann die Hitze verringern. Unbedeckt sieden lassen und das Huhn hin und wieder wenden, bis es zart ist. Das Huhn aus dem Topf nehmen und die Brühe weitersieden lassen, bis sie sich auf die Hälfte reduziert hat. Mit gebratenen Schalotten garniert sowie mit weißem Reis und gemischtem Gemüse servieren.

Nützlicher Hinweis: Gemüsesorten wie grüne Bohnen, Maiskolben, Spinat und Tomaten können 5-10 Minuten vor Ende der Kochzeit beigegeben werden.

OPOR AYAM & AYAM GORENG YOGYA

Huhn in Kokosmilch & gebratenes Yogya-Huhn

Rechts:
Opor Ayam (oben) und Ayam Goreng Yogya (unten).

OPOR AYAM

Ein mildes und universell beliebtes Gericht ohne Chilies, doch nach Zitronengras, *Salam*-Blättern und Galangawurzel duftend. ⌚⌚

1 Huhn (1,25 kg), in 8-12 Stücke geschnitten
½ Tasse dicke Kokosmilch
3 Tassen normale Kokosmilch
1 Zweig Zitronengras, zerstoßen
2 *Salam*-Blätter
1 TL Salz

***Gewürzpaste*:**

1 gehäufter EL Koriander
2 TL Kreuzkümmel
1 TL weiße Pfefferkörner
2 Schalotten, geschält und in Scheiben
3 Knoblauchzehen, geschält und in Scheiben
5 Kerzennüsse
2½ cm Galangawurzel (*laos*), geschält und in Scheiben geschnitten
½ EL gehackter Palmzucker

Sie bereiten die **Gewürzpaste** zu, indem Sie Koriander, Kreuzkümmel und Pfefferkörner zu einem Pulver mahlen und dann alle anderen Zutaten zu feiner Konsistenz mixen. Die dicke Kokosmilch und die Gewürzpaste zusammen sieden lassen, bis die Milch dick und ölig ist, und dann alle anderen Zutaten beifügen. Unbedeckt leicht sieden lassen, bis das Huhn zart ist.

AYAM GORENG YOGYA

Gewürztes Huhn wird gekocht, bis es fast gar ist, und anschließend fritiert. Eine zentraljavanische Spezialität. ⌚⌚

1 frisches Huhn (1,25 kg), in 8 Stücke geschnitten
2 Tassen Wasser
Öl fürs Fritieren

***Gewürzpaste*:**

1 EL Koriander
3 Knoblauchzehen, geschält und in Scheiben
2 cm frische Kurkuma, geschält u. in Scheiben
2 cm Ingwer, geschält und in Scheiben
1 cm Galangawurzel, geschält und in Scheiben
1 EL gehackter Palmzucker
2 EL Öl
2 *Salam*-Blätter

Gewürzpaste: Sie mahlen oder mixen alle Zutaten außer Öl und *Salam*-Blättern zu feiner Konsistenz. Öl in einem Wok erhitzen und Gewürzpaste sowie *Salam*-Blätter 3 Minuten lang sautieren. Das Huhn beigeben und unter Umrühren kochen lassen, bis es gut von der Soße umhüllt ist. Wasser hinzufügen und unbedeckt sieden lassen, bis das Huhn fast gar und die Soße trocken ist. Abkühlen lassen.

Öl erhitzen und das Huhn knusprig und goldbraun braten. Mit *sambal* nach Wahl servieren.

BEBEK MENYATNYAT

Enten-„Curry"

Enten, die an den Ufern der Reisfelder entlangwatscheln oder einer Flagge ihres Eigentümers folgen, sind auf Bali ein gewöhnlicher Anblick. Ente erfreut sich bei festlichen Anlässen großer Beliebtheit. Gewürzte und gefüllte Ente, im Banenenblatt gebacken, ist ein populäres Gericht, ebenso wie folgende curryähnliche Spezialität. Statt Ente kann auch Huhn verwendet werden. ⌚⌚

1 ganze Ente, etwa 2 kg
8 Tassen Kokosmilch
2 Zweige Zitronengras, zerstoßen
2 *Salam*-Blätter
1 EL Salz
1 TL schwarze Pfefferkörner, zerstoßen
Gebratene Schalotten als Garnitur

Gewürzpaste:

12 Schalotten, geschält und in Scheiben
6 Knoblauchzehen, geschält und in Scheiben
4 rote Chilies, in Scheiben geschnitten
2,5 cm Galangawurzel, geschält u. in Scheiben
2,5 cm *kencur*, geschält und in Scheiben
5 cm frische Kurkuma, geschält, in Scheiben
2 TL Koriander, zerstoßen
3 Kerzennüsse
1 TL getrocknete Garnelenpaste (*trasi*)
$^1/_4$ TL schwarze Pfefferkörner, zerstoßen
Eine Prise frisch gemahlene Muskatnuß
2 Gewürznelken
3 EL ÖL

Sie schneiden die Ente in 12 Stücke und klopfen diese trocken.

Für die **Gewürzpaste** werden alle Zutaten außer dem Öl gemahlen oder gemixt. Das Öl erhitzen und die Gewürzpaste 2 Minuten lang sautieren. Die Ente hineingeben, die Hitze erhöhen und unter häufigem Umrühren 3 Minuten sautieren. Die Kokosmilch und alle anderen Zutaten außer den gebratenen Schalotten hinzufügen und unbedeckt sieden lassen, bis die Ente zart ist und sich die Soße verdickt hat.

Mit den gebatenen Schalotten garnieren und mit weißem Reis servieren.

SATE LILIT BEBEK & SATE SAPI

Gehacktes Enten-Saté & Rinder-Saté

SATE LILIT BEBEK ⌚⌚

600 g Enten- oder Hühnerfleisch, gehackt
2 Tassen frisch geraspelte Kokosnuß
5 Kaffirlimonenblätter, sehr fein zerkleinert
1 TL schwarze Pfefferkörner, zerstoßen
1 TL Salz
3-5 Vogelaugenchilies, sehr fein gehackt
2 EL gehackter Palmzucker
Zitronengras- oder Saté-Spieße

Rechts: *Sate Lilit Bebek (unten) und Sate Sapi (oben).*

Gewürzpaste:

12 Schalotten, geschält und in Scheiben
6 Knoblauchzehen, geschält und in Scheiben
3 rote Chilies, in Scheiben
2,5 cm Galangawurzel, geschält u. in Scheiben
2,5 cm *kencur*, geschält und in Scheiben
5 cm frische Kurkuma, geschält, in Scheiben
2 TL Koriander
½ TL schwarze Pfefferkörner
3 Kerzennüsse
1 TL getrocknete Garnelenpaste (*trasi*)
Eine Prise frisch geraspelte Muskatnuß
2 Gewürznelken
2 El Öl

Mahlen Sie alle **Gewürzpasten**-Zutaten, außer dem Öl. Öl erhitzen und die Paste etwa 5 Minuten sautieren. Abkühlen lassen, dann mit der Ente und allen anderen Zutaten außer dem Zitronengras kombinieren. Etwa 2 EL davon jeweils um einen Spieß kneten und über Holzkohle goldbraun grillen.

SATE SAPI ⌚⌚

600 g Rinder-Oberschale, in 1-cm-Würfeln
3-5 Vogelaugenchilies
2 EL brauner Zucker

Gewürzpaste:

10 Schalotten, geschält und in Scheiben
6 Knoblauchzehen, geschält und in Scheiben
10 cm Galangawurzel (*laos*), geschält und in Scheiben
5 cm Ingwer, geschält und in Scheiben
6 rote Chilies, in Scheiben
7 Vogelaugenchilies, in Scheiben
10 Kerzennüsse
Jeweils 1 EL schwarzer Pfeffer und Koriander
4 EL gehackter Palmzucker
2 *Salam*-Blätter
4 EL Öl

Sie bereiten die **Gewürzpaste** zu, indem Sie alle Zutaten außer *Salam*-Blättern und Öl miteinander vermischen. Die Mixtur mit den *Salam*-Blättern 5 Minuten in Öl goldbraun braten. Abkühlen lasssen und dann mit Fleisch, Chilies und Zucker kombinieren. Im Kühlschrank 24 Stunden lang marinieren (die Mixtur hält sich bis zu 4 Tage lang). Das Fleisch auf Saté-Spieße ziehen und bei hoher Hitze gargrillen. Mit Erdnußsoße oder *sambal kecap* (Seite 44) servieren.

SATE AMPET SASAK & SATE MADURA

Gemischtes Rinder-Saté & Lamm-Saté

Rechts: Sate Ampet Sasak (links) und Sate Madura (rechts).

SATE AMPET SASAK

Auf Lombok wie auf dem benachbarten Bali wird das Saté-Fleisch vor dem Grillen stark gewürzt. Ist Rinderherz schwer erhältlich, verwenden Sie jeweils 450 g Oberschale und Leber. ⌚⌚

300 g Oberschale vom Rind
300 g Rinderherz
300 g Rinderleber
Limonen- oder Zitronenscheiben

Marinade:

2 rote Chilies, entkernt und in Scheiben
3 Vogelaugenchilies
5 Knoblauchzehen, geschält und in Scheiben
$^1/_2$ TL getrocknete Garnelenpaste (*trasi*)
4 Kerzennüsse
2,5 cm Ingwer, geschält und in Scheiben
$^1/_4$ TL Salz
3 EL Öl
2 Tassen Kokosmilch

Die **Marinade** zubereiten, indem Sie alle Zutaten außer Öl und Kokosmilch mahlen oder mixen. Öl erhitzen und die Mixtur sautieren, bis sie goldbraun wird und duftet, dann Kokosmilch hinzugießen und sieden lassen, bis sie sich verdickt. Auf drei Schalen aufteilen.

Jedes der Fleischstücke in Quadrate von etwa 2 cm schneiden und getrennt mindestens 2 Stunden lang in den Schalen marinieren. Das Fleisch herausnehmen und die Marinade aufheben. Das Fleisch auf Saté-Spieße aufziehen und gargrillen. Mit der Marinade als Tunke und Limonenscheiben als Garnitur servieren.

SATE MADURA

Dieses meist mit Ziegenfleisch zubereitete Saté ist das in Indonesien am meisten verbreitete. Es stammt von der Insel Madura, nordöstlich von Java. ⌚

1 kg Lammhaxe, in 2-cm-Würfel geschnitten
$^1/_2$ Tasse süße Sojasoße
$^1/_2$ TL Koriander, zerstoßen
$^1/_4$ TL weiße Pfefferkörner, zerstoßen
1 EL Limonen- oder Zitronensaft
4 Schalotten, geschält und in Scheiben

Stecken Sie die Lammwürfel auf Saté-Spieße. Alle anderen Zutaten außer den Schalotten gut vermischen. Jeden Spieß in die Soße tauchen und mit einem Löffel nachhelfen, damit das Fleisch gut eingehüllt ist. Abtropfen lassen und dann das Saté über Holzkohle grillen. Die verbleibende Soße zu den Schalotten geben und als Tunke für das Saté servieren.

BABI MASAK TOMAT & TINARANSAY

Mit Tomaten gekochtes Schwein & Ingwer-Schwein

Rechts: *Babi Masak Tomat (unten) und Tinaransay (oben).*

BABI MASAK TOMAT

Ein einfaches Rezept aus Kalimantan, wo Schwein (besonders Wildschwein aus dem Dschungel) bei den Dayak beliebt ist. ⌚

500 g Schwein, in 2-cm-Würfel geschnitten
4 Tomaten, in Scheiben
4-6 Stengel grober Schnittlauch (*kucai*) oder Frühlingszwiebeln
1 Stiel Zitronengras, zerstoßen
1 Tasse Wasser

Gewürzpaste:

4 Schalotten, geschält und in Scheiben
4 rote Chilies, in Scheiben
2,5 Ingwer, geschält und in Scheiben
1 TL Salz

Sie bereiten die **Gewürzpaste** zu, indem Sie alle Zutaten miteinander mahlen oder vermischen. In einem Topf mit allen anderen Zutaten mischen und sieden lasen, bis das Schwein zart ist. Falls die Soße vorher auszutrocknen droht, etwas warmes Wasser hinzufügen.

TINARANSAY

In Nordmanado, wo Christen einen Großteil der Bevölkerung stellen, existiert das moslemische Verbot von Schweinefleischgenuß nicht. ⌚⌚

600 g Schweineschulter/ -haxe, ohne Knochen
6 cm Ingwer, geschält und in Scheiben
12 rote Chilies, entkernt und in Scheiben
3 Schalotten, geschält und in Scheiben
2 EL Öl
5 Kaffirlimonenblätter
2 Kurkumablätter (wahlweise)
3 Stiele Zitronengras, zerstoßen, in Scheiben
1 große reife Tomate, in Scheiben (wahlweise)
Salz nach Geschmack

Schneiden Sie das Schwein in Würfel von 2,5 cm Größe. Ingwer, Chilies und Schalotten zu grober Konsistenz mahlen.

Öl in einem Wok oder schweren Topf erhitzen und die gemahlene Mixtur 2-3 Minuten sautieren, bis sie ihre Farbe verändert. Das Schwein sowie alle restlichen Zutaten beigeben und 2 Minuten lang weiter bei hoher Hitze sautieren und umrühren.

Die Hitze reduzieren, Topf oder Pfanne bedekken und das Schwein in seinem Saft garen, bis es zart ist. Wird das Fleisch zu trocken, hin und wieder ein wenig Wasser hinzufügen.

RENDANG SAPI & KALIO HATI

Rindfleisch in Kokosmilch & Rinderleber in Kokosmilch

RENDANG SAPI

Dies ist eines der populärsten Padang-Gerichte aus Westsumatra. ⌚⌚

1 kg Oberschale (Rind)
8 Tassen Kokosmilch (aus 2 Kokosnüssen)
3 *Salam*-Blätter
3 Kaffirlimonenblätter
3 frische Kurkumablätter (wahlweise)
8 cm Zimtstengel
5 ganze Sternanise
5 Kardamomhülsen, zerstoßen
1 TL Salz

Rechts: *Rendang Sapi. Kalio Hati ohne Abbildung.*

Gewürzpaste:

8 rote Chilies, in Scheiben
12 Schalotten, geschält und in Scheiben
10 Knoblauchzehen, geschält und in Scheiben
5 cm Ingwer, geschält und in Scheiben
5 cm Galangawurzel, geschält und in Scheiben
1 TL schwarze Pfefferkörner, zerstoßen

Sie bereiten die **Gewürzpaste** zu, indem Sie die Zutaten feinmahlen und vermischen.

Das Rind in $^1/_2$ cm dicke Scheiben von etwa 2,5 cm schneiden. Rind, Gewürzpaste und alle anderen Zutaten in einen Wok geben und langsam zum Kochen bringen, dabei ständig umrühren, damit sich die Kokosmilch nicht absondert. Bei niedriger Hitze garen und hin und wieder umrühren, bis das Fleisch sehr zart und alle Soße verdünstet ist. Das Rind weitergaren, das nun im Öl der Kokosmilch brät, bis es eine braune Farbe hat.

KALIO HATI ⌚⌚

600 g Rinderleber, in Scheiben von 2 cm geschnitten
3 Tassen Kokosmilch
1 TL Salz

Gewürzpaste:

8 Schalotten, geschält und in Scheiben
3 Knoblauchzehen, geschält und in Scheiben
14 Vogelaugenchilies, in Scheiben
1 cm Galangawurzel, geschält und in Scheiben
1 cm frische Kurkuma, geschält, in Scheiben
1 cm Ingwer, geschält und in Scheiben
2 El Öl
1 Stiel Zitronengras, zerstoßen
2 Kaffirlimonenblätter

Für die **Gewürzpaste** mahlen Sie alle Zutaten außer Öl, Zitronengras und Limonenblättern. Öl in einem Wok erhitzen und die Mixtur zusammen mit Zitronengras und Limonenblättern 2-3 Minuten braten.

Die Leber hinzufügen und 2 Minuten sautieren. Kokosmilch und Salz beigeben; unbedeckt sieden lassen, bis die Leber zart ist und sich die Soße verdickt hat.

HAGAPE DAGING

Gewürztes Rindfleisch mit Kokosnuß

Rechts: *Hagape Daging (unten) und Nasi Jagung (oben). Das Rezept für Nasi Jagung finden Sie auf Seite 62.*

Ein an Kokosnuß reiches Rindergericht aus Ambon, von den „Gewürzinseln" oder Molukken. Anders als bei manchen Gerichten mit viel Soße wird das Fleisch sanft gesiedet, bis es von nur ein wenig dikker Soße umhüllt ist.

1 kg Rinder-Oberschale
1 Tasse frisch geraspelte oder getrocknete Kokosnuß
$2\frac{1}{2}$ Tassen Kokosmilch
1 Zweig Zitronengras, zerstoßen

Gewürzpaste:

$\frac{1}{4}$ TL weißes Pfefferpulver
5 cm Galangawurzel (*laos*), geschält und in Scheiben
6 Kerzennüsse
8 cm frische Kurkuma, geschält und in Scheiben
8 cm Ingwer, geschält und in Scheiben
1 TL Salz
$\frac{1}{2}$ TL Koriander
$\frac{1}{2}$ TL Kreuzkümmel
4 EL ÖL

Schneiden Sie das Rind in Würfel von etwa 2 cm. Die Kokosnuß in einem Wok unter ständigem Umrühren leicht braten, bis sie goldbraun ist. Dann die Kokosnuß mahlen, bis das Öl beginnt herauszuquellen.

Für die **Gewürzpaste** alle Zutaten außer dem Öl mahlen oder mixen. Das Öl in einem Wok erhitzen und die Paste sautieren, bis sie duftet, dann gemahlene Kokosnuß, Kokosmilch, Zitronengras und Rind beigeben. Unbedeckt sieden lassen, bis das Rind zart und die Soße fast trocken ist. Droht die Soße ganz auszutrocknen, bevor das Rind gar ist, ein wenig heißes Wasser hinzufügen.

Nützlicher Hinweis: Da dies ein eher trockenes Gericht ist, sollte dazu wenigstens ein anderes mit viel Flüssigkeit gereicht werden.

LAPIS MANADO

Gewürzte und gebratene Rindfleischscheiben

Der Name des Gerichtes läßt darauf schließen, das es aus Manado, Nordsulawesi, stammt. ⌚⌚

750 g Rinder-Oberschale, in einem Stück
3 Gewürznelken
$^{1}/_{4}$ TL frisch geraspelte Muskatnuß
1 TL Salz
6 Tassen Wasser
Öl fürs Fritieren

Gewürzpaste:

10 rote Chilies, entkernt und gehackt
2,5 cm Ingwer, geschält und in Scheiben
2,5 cm frische Kurkuma, geschält und in Scheiben
2,5 cm *kencur*, geschält und in Scheiben
2 TL Koriander, zerstoßen
1 TL weiße Pfefferkörner, zerstoßen

Geben Sie Rind, Gewürznelken, Muskatnuß, Salz und Wasser in eine große Pfanne. Unbedeckt sieden lassen, bis das Rind halb gar ist. Die Brühe abgießen, aufbewahren. Ist das Rind etwas abgekühlt, in dünne Scheiben (ca. 8 cm x 4 cm) schneiden.

Während das Rind gart, die **Gewürzpaste** zubereiten, indem Sie alle Zutaten feinmahlen/vermischen. Rinderscheiben und Gewürzpaste in eine Pfanne mit der verwahrten Brühe geben und unbedeckt sieden lassen, bis das Rind zart ist und sich die Soße verdickt hat. Hat sich die Brühe nicht zu einer dicken Soße reduziert, bis das Rind zart ist, das Fleisch herausnehmen und weitersieden lassen, bis sich die Brühe verdickt hat.

Das Rind abtropfen, trocknen lassen und in Öl fritieren. Darüber Soße gießen und servieren.

ES CAMPUR, ES APOKAT & ES KOLAK

Gemischtes Eis, Avocadoshake & Früchte in Kokosmilch

Rechts: *Es Campur (Mitte), Es Apokat (links) und Es Kolak (rechts).*

Indonesien bietet eine Vielfalt von durstlöschenden Zwischenmahlzeiten, die sich auch als Nachspeisen eignen. Sie werden *es* (Eis) genannt, und die Zutaten hängen von Verfügbarkeit und Vorliebe ab.

ES CAMPUR

1/4 reife Papaya, geschält und gewürfelt
1/2 Avocado, geschält und gewürfelt
1 Tomate, gewürfelt
1/4 reife Ananas, geschält und gewürfelt
8 EL *Agar-Agar*-Geleewürfel
8 EL gewürfelte, fermentierte Tapioka (*tape*) (wahlweise)
8 EL gewürfelte *kolang kaling* (Palmfrucht), in Dosen erhältlich
1 junge Kokosnuß, das Fruchtfleisch mit einem Löffel herausgenommen (wahlweise)
1 Tasse Kokoswasser, aus der jungen Kokosnuß
1/2 Tasse Kondensmilch
1/2 Tasse Palmzuckersirup (Seite 37)
4 Tassen zerstoßenes Eis

Schneiden Sie alle Früchte in winzige Würfel (1/2 cm). Mit allen anderen Zutaten außer dem Eis kombinieren und gut mischen. Das zerstoßene Eis hinzugeben und sofort servieren.

ES APOKAT

4 reife Avocados, halbiert, das Fruchtfleisch herausgenommen
1/2 Tasse Palmzuckersirup (Seite 37)
4 EL Kondensmilch
1 EL Limonensaft
3 Tassen Eiswürfel

Das Fruchtfleisch mit allen anderen Zutaten kombinieren und in einem Mixer feinpürieren.

ES KOLAK

4 Tassen Kokosmilch
4 EL Palmzuckersirup (Seite 37)
1 Prise Salz
1 große oder 2 kleine Bananen, in Scheiben
2 Stücke reife Jackfrucht, in feinen Scheiben
1 kleine Süßkartoffel, geschält, gewürfelt, weichgesiedet

Kokosmilch, Palmzucker und Salz kombinieren, dann alle anderen Zutaten hinzufügen. Mit ein paar Eiswürfeln servieren.

KUE NAGASARI & PISANG GORENG

Gedünstete Bananenkuchen & gebratene Bananenkuchen

KUE NAGASARI

Bananen sind die am meisten verbreiteten Früchte Indonesiens. Es überrascht also nicht, daß sie für so viele Nachspeisen verwendet werden. ⌚⌚

1 1/2 Tassen Mungobohnenmehl (*tepong hoen kwe*) oder Reismehl
1/3 Tasse weißer Zucker
2 1/4 Tassen Kokosmilch
1 Prise Salz
15-cm-Quadrate Bananenblatt
6 kleine oder 2 große Bananen, in 1 cm dicke Scheiben von ca. 6 cm Länge geschnitten

Rechts: *Kue Nagasari (unten) und Pisang Goreng (oben).*

Mischen Sie Mehl und Zucker gut in einer Schale. Die Kokosmilch einrühren und gut vermischen. Salz hinzufügen und die Mixtur in einer schweren Pfanne (vorzugsweise kunststoffbeschichtet) langsam zum Kochen bringen. Sieden lassen, bis die Mixtur sehr dick ist, dann abkühlen lassen.

Einen gehäuften Eßlöffel davon auf ein Bananenblattquadrat geben. Darauf eine Scheibe Banane legen und mit einem weiteren Eßlöffel der Mixtur bedecken. Das Bananenblatt einfalten, so daß es seinen Inhalt wie ein Umschlag hält. Etwa 20 Minuten dünsten, abkühlen lassen und mit Zimmertemperatur servieren.

Nützliche Hinweise: *Tepong Hoen Kwe* wird in von Papier umhüllten Gefäßen verkauft; manchmal ist das Mehl rosa oder grün gefärbt, wobei die Farbe des Papiers dem entspricht. Dieses Mehl verleiht eine zartere Textur als Reismehl, das aber in Indonesien oft als Ersatz verwendet wird.

PISANG GORENG

Ganze, in einen Teigmantel gehüllte und fritierte Bananen sind sehr populär. Sind die Bananen überreif, werden sie oft zu Brei zerstoßen und mit folgender Methode zubereitet. ⌚

6 mittelgroße reife Bananen, geschält
1 EL weißer Zucker
1 EL einfaches Mehl
Öl fürs Fritieren

Verarbeiten Sie die Bananen zu einem feinen Brei. Mit Zucker und Mehl vermischen. Öl in einem Wok erhitzen und einen großen Eßlöffel Ausbackteig hineingeben. Mehrere Kuchen auf einmal braten, doch nicht zu viele in den Wok legen, damit sich die Temperatur nicht verringert. Sind die Kuchen knusprig und golbraun, auf einem Papiertuch abtropfen lassen und heiß servieren.

BUBUR SUMSUM & ONGOL-ONGOL

Reismehlnachtisch & Sagomehlrollen

Rechts: *Bubur Sumsum (unten) und Ongol-Ongol (oben).*

BUBUR SUMSUM

Verschiedene Mehlarten aus Sago, Tapioka, Reis und kleinen, runden, grünen Mungobohnen werden für einfache Nachspeisen und Kuchen verwendet. *Bubur Sumsum* ist das indonesische Gegenstück der Hühnersuppe: Wenn Sie ein Problem haben, essen Sie eine Schale *Bubur Sumsum,* und alles ist wieder in Ordnung. ⌚

1½ Tassen Reismehl
6 Tassen Wasser
1 TL pulverisierte Schreibkreide
Frisch geraspelte Kokosnuß oder mit Wasser angefeuchtete getrocknete Kokosnuß
½ TL Salz
Palmzuckersirup (Seite 37)

Vermischen Sie Mehl, Wasser und Kreide gut. Durch ein feines Sieb in eine schwere Pfanne (bevorzugt kunststoffbeschichtet) sieben. Zum Kochen bringen, die Hitze reduzieren und etwa 30 Minuten sieden lassen, bis sich die Mixtur verdickt.

Auf Zimmertemperatur abkühlen lassen und mit frisch geraspelter Kokosnuß (mit Salz) darauf servieren. Palmzuckersirup darübergießen.

Nützlicher Hinweis: Schreibkreide als Zutat mag überraschen, doch indonesische Köche meinen, daß sie für einen sanften, weichen Geschmack sorgt.

ONGOL-ONGOL

Eine preisgünstige Nachspeise in Indonesien, wo Sagomehl, Palmzucker und Kokosnuß immer zur Verfügung stehen. ⌚⌚

1 Tasse Sagomehl
1 Tasse gehackter Palmzucker
2 Pandanusblätter
3½ Tassen Wasser
1 großes Bananenblattquadrat oder Pergamentpapier
Frisch geraspelte Kokosnuß oder angefeuchtete getrocknete Kokosnuß
½ TL Salz
Palmzuckersirup (Seite 37)

Geben Sie Mehl, Zucker, Pandanusblätter und Wasser in eine schwere Pfanne, und bringen Sie die Mixtur zum Kochen. Bei niedriger Hitze 30 Minuten sieden lassen, bis sie sich verdickt hat, und dann abkühlen lassen.

Die Mixtur auf ein großes Bananenblattquadrat legen und zu einem Zylinder einrollen. Die Enden mit Zahnstochern sichern. *Ongol-Ongol* in Scheiben servieren. Darüber ein wenig Kokosnuß vermischt mit Salz streuen und mit Palmzuckersirup begießen.

Register

Preiswert und voll im Trend
Asiatische Küche, exotisch und gesund

Jedes der sechs neuen Asien-Kochbücher widmet sich einem anderen kulturellen und geographischen Gebiet des riesigen und vielseitigen asiatischen Kontinents. Einleitende Kapitel geben einen kurzen Überblick über die Sitten bzw. Gebräuche und vor allem die Eßkultur des jeweiligen Landes. Bei den Rezepten – übersichtlich nach Speisenfolge gegliedert – handelt es sich ausnahmslos um Originalrezepte. Brillante Fotos fangen den Zauber der Fremde ein und machen Lust auf Exotisches.

So kocht Indien
ISBN 3-576-10792-4

So kocht Thailand
ISBN 3-576-10790-8

So kocht Vietnam
ISBN 3-576-10793-2

So kocht Bali
ISBN 3-576-10794-0

So kocht Indonesien
ISBN 3-576-10791-6

So kocht China
ISBN 3-576-10789-4

Je Band
132 Seiten, ca. 65 Farbabbildungen
Gebunden

Mosaik

Bücher fürs Leben

Erhältlich überall dort, wo es Bücher gibt.